혼자서 끝내는

독학! HSK

JRC 중국어연구소 기획
김지현 저

3급

해설집

맛있는 books

혼자서 끝내는
독학!
HSK 3급 해설집

초판 1쇄 인쇄 2019년 3월 20일
초판 1쇄 발행 2019년 3월 25일

저자 김지현
기획 JRC 중국어연구소
발행인 김효정
발행처 맛있는books
등록번호 제2006-000273호
편집 최정임 | 김소연 | 조해천
디자인 최여랑
제작 박선희
영업 김영한 | 강민호 | 장탐이나
마케팅 이지연

주소 서울 강남구 테헤란로 109, 3층
전화 구입문의 02·567·3861 | 02·567·3837
내용문의 02·567·3860
팩스 02·567·2471
홈페이지 www.booksJRC.com

차례

듣기

독해

쓰기

모의고사

01 day 사람의 행동과 상태에 주목하라

01-6 본책_ 23쪽

정답 1. D 2. A 3. E 4. C 5. B

1

난이도 下 공략 Key '一边……一边……'의 이해

女：孩子总是一边看电视一边做作业，他能做好吗？ 男：没关系，孩子都是这样的。	여: 아이가 늘 텔레비전을 보면서 숙제를 하는데, 숙제를 잘할 수 있겠어요? 남: 괜찮아요. 애들이 다 그렇죠 뭐.

공략 D '一边……一边……'은 '~하면서 ~하다'라는 의미를 나타내는 접속사로 두 가지 동작이 동시에 발생함을 나타낸다. 아이가 늘 텔레비전을 보면서 숙제를 한다고 했으므로 D가 정답임을 알 수 있다.

어휘 孩子 háizi 명 아이 | 总是 zǒngshì 부 늘, 줄곧 | 一边……一边…… yìbiān……yìbiān…… ~하면서 ~하다 | 看电视 kàn diànshì 텔레비전을 보다 | 做作业 zuò zuòyè 숙제를 하다

2

난이도 中 공략 Key 동작 관련 핵심 어휘 跳舞

男：我这是第一次看小李跳舞，他跳得真好看。 女：他的爱好就是唱歌和跳舞。	남: 제가 이번에 처음으로 샤오리가 춤추는 것을 봤어요. 그는 춤을 정말 멋지게 추네요. 여: 그의 취미가 바로 노래 부르고 춤추는 거예요.

공략 A 사람의 동작을 나타내는 동사에 주의하여 듣자. 이번에 처음 샤오리가 춤추는 것을 봤는데 춤을 너무 멋지게 춘다는 남자의 말을 통해서 남자가 춤을 추고 있는 그림 A가 정답임을 알 수 있다.

어휘 第一次 dì-yī cì 명 맨 처음 | 跳舞 tiàowǔ 동 춤을 추다 | 真 zhēn 부 확실히, 진정으로 | 好看 hǎokàn 형 아름답다, 근사하다 | 爱好 àihào 명 취미, 애호 | 唱歌 chànggē 동 노래 부르다

3

난이도 上 공략 Key 동작 관련 핵심 어휘 找

女：你看见我的电子词典了吗？我记得放在桌子上了。 男：没看见，别着急，慢慢找。	여: 제 전자사전을 보셨나요? 제 기억에 테이블 위에 올려놓은 거 같은데. 남: 못 봤어요. 조급해하지 말고 천천히 찾아봐요.

공략 E 여자의 '你看见我的电子词典了吗?'와 남자의 '别着急，慢慢找'를 통해 여자가 전자사전을 찾고 있음을 알 수 있으므로 여자가 무언가를 찾고 있는 그림 E가 정답이다.

어휘 电子词典 diànzǐ cídiǎn 명 전자사전 | 记得 jìde 동 기억하고 있다 | 放 fàng 동 놓다 | 桌子 zhuōzi 명 탁자, 테이블 | 别 bié 부 ~하지 마라 | 着急 zháojí 동 조급해하다 | 找 zhǎo 동 찾다

4

난이도 上 공략 Key 상태 관련 핵심 어휘 高兴

男：这次考试你得了100分，真厉害！祝贺你！ 女：谢谢你，我今天特别高兴。	남: 이번 시험에서 네가 100점을 받았다니 정말 대단하다! 축하해! 여: 고마워. 나는 오늘 아주 기분이 좋아.

공략 C 이번 시험에서 100점 받은 걸 축하한다는 남자의 말에 여자는 '我今天特别高兴'이라고 말하고 있다. 여자의 말을 통해 여자가 기뻐하는 그림 C가 정답임을 알 수 있다.

어휘 考试 kǎoshì 명 시험 | 得 dé 동 얻다, 획득하다 | 厉害 lìhai 형 대단하다, 굉장하다 | 祝贺 zhùhè 동 축하하다 | 谢谢 xièxie 동 감사합니다, 고맙습니다 | 特别 tèbié 부 특히

5

난이도 中 공략 Key 상태 관련 핵심 어휘 哭

女：他总是哭，有什么办法可以让他不哭吗？ 男：是不是饿了？给他喝点儿牛奶吧。	여: 그가 늘 울어요. 그를 울지 않게 하는 무슨 방법이 없을까요? 남: 배고픈 거 아니에요? 그에게 우유 좀 줘봐요.

공략 B 여자는 아이가 늘 우는데 아이를 울지 않게 하는 무슨 방법이 없는지 남자에게 물어보고 있다. 두 사람의 대화를 통해서 아이가 울고 있는 그림 B가 정답임을 알 수 있다.

어휘 总是 zǒngshì 부 늘, 줄곧 | 哭 kū 동 울다 | 办法 bànfǎ 명 방법 | 饿 è 형 배고프다 | 喝 hē 동 마시다 | 牛奶 niúnǎi 명 우유

02 day 사물의 명칭과 용도에 주목하라

02-6 본책_ 29쪽

정답 **1.** B **2.** A **3.** E **4.** C **5.** D

1

난이도 下 공략 Key 사물의 명칭 鞋

女：这两双鞋，你觉得哪双更漂亮一些？ 男：我看看，左边的更漂亮。	여: 이 두 켤레 신발 중에서 네가 보기에 어느 신발이 더 예뻐? 남: 내가 보기에는 왼쪽의 것이 더 예뻐.

공략 B 여자는 '这两双鞋，你觉得哪双更漂亮一些?'라며 남자에게 두 켤레 신발 중 어느 신발이 더 예쁘냐고 물어 보고 있다. 따라서 신발 그림 B가 정답임을 알 수 있다.

어휘 双 shuāng 양 켤레 | ★鞋 xié 명 신발 | 觉得 juéde 동 ~라고 여기다 | ★更 gèng 부 더욱 | 左边 zuǒbian 명 왼쪽

2

난이도 中 공략 Key 사물의 명칭 电脑

男：时间不早了，把电脑关了吧？先睡觉。 女：好的，我做完这个题马上就睡。	남: 시간이 늦었는데, 컴퓨터 껐지? 그만 자자. 여: 알았어. 나 이 문제만 다 하고 바로 잘게.

공략 A 남자의 '把电脑关了吧?'라는 말에 여자는 이 문제만 다 하면 바로 잔다고 말하고 있다. 따라서 여자가 컴퓨터를 하고 있는 그림 A가 정답임을 알 수 있다.

어휘 时间 shíjiān 명 시간 | 早 zǎo 형 (때가) 이르다 | ★电脑 diànnǎo 명 컴퓨터 | 关 guān 동 닫다, 끄다 | 睡觉 shuìjiào 동 (잠을) 자다 | 题 tí 명 문제 | ★马上 mǎshàng 부 곧, 즉시

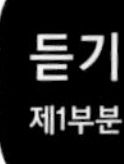

3 난이도 上 공략 Key 사물의 명칭 眼药水

女：眼药水用了吗？效果怎么样？ 男：挺好的，现在眼睛已经不红了。	여: 안약을 사용했니? 효과가 어때? 남: 아주 좋아. 이제 눈이 더 이상 빨개지지 않는 걸.

공략 E 이 문제는 眼药水만 들었다면 쉽게 정답을 찾을 수 있다. 여자의 '眼药水用了吗?'라는 질문에 남자는 아주 좋다고 대답하고 있다. 따라서 남자가 안약을 넣고 있는 그림 E가 정답임을 알 수 있다.

어휘 ★眼药水 yǎnyàoshuǐ 명 안약 | 用 yòng 동 쓰다, 사용하다 | ★效果 xiàoguǒ 명 효과 | ★挺 tǐng 부 아주, 제법 | 眼睛 yǎnjing 명 눈 | ★已经 yǐjing 부 이미, 벌써

4 난이도 中 공략 Key 사물의 명칭 冰箱

男：给我来一个苹果吧，谢谢。 女：不客气，冰箱里没有苹果了，就吃梨吧。	남: 제게 사과 하나만 주시면 고맙겠어요. 여: 별말씀을요. 냉장고에 사과는 없으니 배를 드세요.

공략 C 사과 하나만 달라는 남자의 말에 여자는 '冰箱里没有苹果了，就吃梨吧'라고 말하고 있으므로 남자가 냉장고를 열고 무언가를 찾고 있는 그림 C가 정답임을 알 수 있다.

어휘 苹果 píngguǒ 명 사과 | ★冰箱 bīngxiāng 명 냉장고 | 梨 lí 명 배

5 난이도 上 공략 Key 사물의 명칭 灯

女：你在干什么呢？我来吧。 男：没关系，书房的灯坏了，我换个新的。	여: 너 뭐하는 거야? 내가 할게. 남: 괜찮아. 서재의 등이 고장 나서, 내가 새것으로 바꾸고 있어.

공략 D 남자의 '书房的灯坏了，我换个新的'를 통해서 남자는 지금 서재의 등이 고장 나서 새것으로 바꾸고 있음을 알 수 있다. 따라서 남자가 등을 수리하고 있는 그림 D가 정답임을 알 수 있다.

어휘 干 gàn 동 일을 하다 | ★书房 shūfáng 명 서재 | ★灯 dēng 명 등 | ★坏 huài 동 고장 나다 | 换 huàn 동 바꾸다 | 新 xīn 형 새것의

03 day 장소나 분위기로 전체를 감지하라

03-6 본책_ 35쪽

정답 1. B 2. A 3. D 4. C 5. E

1 난이도 中 공략 Key 장소 파악

女：下了飞机，就给你打电话。 男：好的。你到上海以后，一定要照顾好自己。	여: 비행기에서 내린 후에 바로 너에게 전화할게. 남: 알았어. 상하이에 도착한 후에는, 반드시 몸조심 해야 해.

공략 B 두 사람의 대화를 통해 남자가 상하이로 떠나는 여자를 공항에서 배웅해 주고 있음을 알 수 있다. 따라서 여행 가방을 들고 있는 여자와 포옹을 하고 있는 남자가 그려진 그림 B가 정답으로 적절하다.

어휘 ★飞机 fēijī 명 비행기 | 打电话 dǎ diànhuà 전화를 걸다 | 到 dào 동 도착하다 | ★照顾 zhàogù 동 보살피다, 돌보다 | 自己 zìjǐ 대 자기, 자신

2

난이도 上 공략 Key 전반적인 상황 이해

男：铅笔、橡皮、学生证，一个也不能少。 女：好的，准备得很认真，我相信我一定考得很好。	남: 연필, 지우개, 학생증 중에 하나라도 없으면 안 돼요. 여: 알겠어요. 준비를 철저히 했으니, 나는 내가 시험을 분명 잘 볼 수 있을 거라고 믿어요.

공략 A 남자가 언급한 사물인 연필, 지우개, 학생증은 그림 어디에도 제시되어 있지 않다. 따라서 남녀의 전반적인 대화 내용을 통해서 적합한 그림을 찾아야 한다. 두 사람의 대화를 통해 여자는 지금 시험을 보러 가고 있음을 알 수 있다. 따라서 여자가 책가방을 매고 어디론가 걸어가려고 하는 그림 A가 정답으로 가장 적절하다.

어휘 铅笔 qiānbǐ 명 연필 | 橡皮 xiàngpí 명 지우개 | 学生证 xuéshēngzhèng 명 학생증 | 准备 zhǔnbèi 동 준비하다 | 认真 rènzhēn 형 착실하다 | ★相信 xiāngxìn 동 믿다 | ★一定 yídìng 부 반드시 | 考 kǎo 동 시험을 보다

3

난이도 中 공략 Key 인물의 직업 파악

女：真的不需要打针吗？ 男：不需要，回去吃点儿药，休息两天就好了。	여: 정말로 주사를 안 맞아도 되나요? 남: 네. 돌아가셔서 약 좀 드시고, 이틀 정도 쉬시면 됩니다.

공략 D 두 사람의 대화를 통해서 의사와 환자의 대화임을 알 수 있다. 따라서 남자가 흰색 가운을 입고 청진기를 매고 있는 그림 D가 정답으로 가장 적절하다.

어휘 需要 xūyào 동 필요하다 | ★打针 dǎzhēn 동 주사를 맞다 | ★吃药 chīyào 동 약을 먹다 | 休息 xiūxi 동 휴식하다

4

난이도 中 공략 Key 인물 간의 관계 및 장소 파악

男：我把昨天讨论的内容，都写在电子邮件里了。 女：好的，我现在就看一下。	남: 제가 어제 토론한 내용을 모두 이메일에 적었습니다. 여: 알겠습니다. 제가 지금 바로 보겠습니다.

공략 C 두 사람의 대화를 통해서 회사 동료 관계임을 알 수 있다. 따라서 사무실에서 남녀가 책상에서 이야기를 나누는 그림 C가 정답으로 가장 적절하다.

어휘 ★把 bǎ 개 ~을 | ★讨论 tǎolùn 동 토론하다 | 内容 nèiróng 명 내용 | 现在 xiànzài 명 지금, 현재

5

난이도 上 공략 Key 전반적인 상황 이해

女：欢迎你来公司工作。 男：谢谢您给我这次工作机会，我会努力工作的。	여: 저희 회사에 오신 것을 환영합니다. 남: 저에게 이번 일을 할 수 있는 기회를 주셔서 감사합니다. 열심히 일하겠습니다.

공략 E 여자는 남자의 입사를 환영해 주고 있으며, 남자는 여자에게 일할 수 있는 기회를 준 것에 대해 감사를 표하고 있다. 따라서 남녀가 악수하고 있는 그림 E가 정답으로 가장 적절하다.

어휘 欢迎 huānyíng 동 환영하다 | 公司 gōngsī 명 회사, 직장 | 工作 gōngzuò 동 일하다 | ★机会 jīhuì 명 기회

04 day 어휘의 함정에 빠지지 마라 – 유사 어휘·혼동 어휘

04-6 본책_ 41쪽

정답 1. √ 2. × 3. √ 4. √ 5. × 6. × 7. × 8. ×

1 난이도 下 공략 Key 핵심 어휘 '没问题'

最近，妈妈一直说肚子疼。我带她去医院，但是医生说她的肚子没问题，不用吃药，多休息就好了。 ★ 医生认为妈妈的肚子没问题。(√)	요즘 엄마가 줄곧 배가 아프다고 하셔서 난 엄마를 병원에 모시고 갔다. 그러나 의사는 엄마의 배에 문제가 없다고 하시며, 약을 먹을 필요가 없고, 많이 쉬면 좋아진다고 하셨다. ★ 의사가 보기에 엄마의 배는 문제가 없다. (√)

공략 제시된 문장을 통해 엄마의 배에 문제가 있는지 여부에 집중하여 듣도록 한다. 이 문장의 핵심 어휘인 '没问题'를 주의하여 듣는다면, 쉽게 정답을 찾을 수 있다. '但是医生说她的肚子没问题'라는 문장을 통해 엄마의 배에는 문제가 없음을 알 수 있으므로 제시된 문장은 옳다.

어휘 最近 zuìjìn 명 요즘 | ★一直 yìzhí 부 계속, 줄곧 | 肚子 dùzi 명 배 | 疼 téng 형 아프다 | 带 dài 동 이끌다, 데리다 | 医院 yīyuàn 명 병원 | ★但是 dànshì 접 그러나 | 医生 yīshēng 명 의사 | ★没问题 méi wèntí 문제없다 | 吃药 chīyào 동 약을 먹다 | 休息 xiūxi 동 휴식하다 | ★认为 rènwéi 동 여기다, 생각하다

2 난이도 中 공략 Key 술어를 중심으로 혼동 어휘 파악

上个星期，我从朋友那儿借来了一本书。现在已经看完了，我打算明天去把它还了。 ★ 他打算今天去还书。(×)	지난주, 나는 친구로부터 책 한 권을 빌려왔다. 지금 이미 다 봐서 나는 내일 그것을 돌려주러 갈 생각이다. ★ 그는 오늘 책을 돌려주러 갈 생각이다. (×)

공략 제시된 문장을 통해 그가 오후에 책을 돌려주러 가는지 여부에 집중하여 듣도록 한다. '我打算明天去把它还了'를 통해서 녹음 내용과 지문이 일치하지 않음을 알 수 있으므로 제시된 문장은 틀렸다.

어휘 ★从 cóng 개 ~부터 | 朋友 péngyou 명 친구 | 借 jiè 동 빌리다 | 已经 yǐjing 부 이미, 벌써 | ★打算 dǎsuan 동 ~할 생각이다 | ★还 huán 동 돌려주다

3 난이도 中 공략 Key 술어를 중심으로 유사 표현 파악

太好了！他几乎不敢相信这是真的。医生说他很快就能像以前一样跑步了。 ★ 他现在还不能跑步。(√)	너무 잘됐다! 그는 거의 이것이 진짜인지 감히 믿을 수 없었다. 의사는 그가 이제 곧 예전처럼 달릴 수 있다고 말했다. ★ 그는 현재 아직은 달릴 수 없다. (√)

공략 제시된 문장을 통해 그가 지금 달릴 수 있는지 여부에 집중하여 듣도록 한다. '医生说他很快就能像以前一样跑步了'라는 말을 통해 현재는 아직 달릴 수 없음을 알 수 있으므로 제시된 문장이 녹음 내용과 일치함을 알 수 있다.

어휘 太 tài 부 대단히, 매우 | ★几乎 jīhū 부 거의 | ★不敢 bùgǎn 조동 감히 ~하지 못하다 | ★相信 xiāngxìn 동 믿다 | ★像……一样 xiàng……yíyàng ~와 같다 | 跑步 pǎobù 동 달리다

4

난이도 中 공략 Key 술어를 중심으로 유사 표현 파악

你妈中午跟大学同学在外面吃饭，所以我们要自己做饭了，让我看看冰箱里有什么菜。 ★ 妈妈中午不在家吃饭。(√)	네 엄마는 점심에 대학 동창들과 밖에서 밥을 먹으니, 우리가 직접 밥을 해서 먹자. 냉장고에 어떤 채소가 있는지 좀 봐야지. ★ 엄마는 점심을 집에서 먹지 않는다. (√)

공략 제시된 문장을 통해 엄마가 점심을 집에서 먹는지 여부에 집중하여 듣도록 한다. 첫 번째 문장인 '你妈中午跟大学同学在外面吃饭'을 통해 엄마가 집에서 밥을 먹지 않음을 알 수 있다. 따라서 제시된 문장은 옳다.

어휘 中午 zhōngwǔ 명 정오 | 大学 dàxué 명 대학 | 同学 tóngxué 명 동창 | ★让 ràng 동 ~하게 하다 | 冰箱 bīngxiāng 명 냉장고 | 菜 cài 명 채소

5

난이도 上 공략 Key 술어를 중심으로 혼동 어휘 파악

那里的人不习惯说左右，只说东西南北。我和同事们找人问路，他们总是回答向南或者向东走。 ★ 那儿的人不习惯说东西南北。(×)	그곳 사람들은 좌우라고 말하는 것에 익숙하지 않다. 단지 동서남북으로만 말한다. 나와 동료들이 지나가던 사람에게 길을 물었을 때, 그들은 늘 남쪽으로 혹은 동쪽으로 가라고 대답했다. ★ 그곳 사람들은 동서남북으로 말하는 것에 익숙지 않다. (×)

공략 문장의 시작 부분인 '那里的人不习惯说左右，只说东西南北'를 통해 그곳 사람들은 동서남북으로 말하는 것에 익숙함을 알 수 있다. 따라서 제시된 문장과 녹음 내용이 일치하지 않음을 알 수 있다.

어휘 ★习惯 xíguàn 동 습관이 되다, 익숙하다 | 左右 zuǒyòu 명 좌와 우 | 只 zhǐ 부 단지, 다만 | 同事 tóngshì 명 동료 | 问路 wènlù 동 길을 묻다 | ★总是 zǒngshì 부 늘, 줄곧 | 回答 huídá 동 대답하다 | ★向 xiàng 개 ~을 향하여 | 或者 huòzhě 접 혹은, 또는

6

난이도 下 공략 Key 술어를 중심으로 혼동 어휘 파악

邻居是一位年轻的老师，他很友好，喜欢帮助别人，所以大家有什么问题，都愿意找他帮忙。 ★ 邻居是位老人。(×)	이웃사촌은 젊은 선생님이다. 그는 매우 우호적이며, 다른 사람을 도와주는 것을 좋아한다. 그래서 모두 무슨 문제가 있으면, 그에게 도움을 청하기를 원한다. ★ 이웃사촌은 노인이다. (×)

공략 제시된 문장을 통해 이웃사촌이 노인인지 여부에 집중하여 듣도록 한다. '邻居是一位年轻的老师'라는 문장을 통해 제시된 문장과 녹음 내용이 일치하지 않음을 알 수 있다.

어휘 ★邻居 línjū 명 이웃집 | 位 wèi 양 분, 명(공경을 나타냄) | ★年轻 niánqīng 형 젊다 | 老师 lǎoshī 명 선생님 | 友好 yǒuhǎo 형 우호적이다 | ★帮助 bāngzhù 동 돕다 | 别人 biéren 대 다른 사람 | 问题 wèntí 명 문제 | ★愿意 yuànyì 동 바라다, 희망하다 | ★帮忙 bāngmáng 동 도움을 주다

7 난이도 下 공략 Key 술어를 중심으로 혼동 어휘 파악

客人马上就要到了，你快去把房间里的空调打开，今天太热了。 ★ 房间里很冷。(×)	손님이 곧 도착하니, 빨리 방 안에 있는 에어컨을 켜라. 오늘 너무 덥다. ★ 방 안은 매우 춥다. (×)

공략 제시된 문장을 통해 방이 추운지 여부에 집중하여 듣도록 한다. '你快去把房间里的空调打开，今天太热了'라는 말을 통해 제시된 문장과 녹음 내용이 일치하지 않음을 알 수 있다.

어휘 ★客人 kèrén 명 손님 | ★马上 mǎshàng 부 곧 | 空调 kōngtiáo 명 에어컨 | 打开 dǎkāi 동 켜다 | ★热 rè 형 덥다

8 난이도 上 공략 Key 술어를 중심으로 혼동 어휘 파악

我最近突然对游泳有了兴趣。我觉得游泳可以锻炼身体，是一种很好的运动。 ★ 他一直都很喜欢游泳。(×)	나는 요즘 갑자기 수영에 흥미가 생겼다. 나는 수영이 신체를 단련할 수 있는 매우 좋은 운동이라고 생각한다. ★ 그는 줄곧 수영을 좋아했다. (×)

공략 突然은 '갑자기'라는 의미를 나타내는 부사이다. '我最近突然对游泳有了兴趣'라는 문장을 통해 제시된 문장과 녹음 내용이 일치하지 않음을 알 수 있다.

어휘 ★突然 tūrán 부 갑자기 | ★对……有兴趣 duì……yǒu xìngqù ~에 흥미가 있다 | 游泳 yóuyǒng 동 수영하다 | 锻炼 duànliàn 동 단련하다 | 身体 shēntǐ 명 신체 | 运动 yùndòng 명 운동 | ★一直 yìzhí 부 계속, 줄곧

05 day 문장의 연결 고리를 꿰뚫어라

05-6 본책_ 47쪽

정답 1. × 2. √ 3. √ 4. × 5. × 6. √ 7. × 8. ×

1 난이도 中 공략 Key 인과 관계 접속사 '因为……, 所以……'

我这次来北京，只能住三天，所以我只能选择一两个最有名的地方去看看，以后有机会再去别的地方。 ★ 他在北京玩儿了很多地方。(×)	나는 이번에 베이징에서 3일만 머무를 수 있다. 그래서 가장 유명한 한두 곳만 골라서 볼 수밖에 없다. 나중에 기회가 되면, 다른 곳도 가보고 싶다. ★ 그는 베이징에서 많은 곳을 돌아다녔다. (×)

공략 所以는 '그래서'라는 의미로 결론을 이끄는 접속사이다. '我这次来北京，只能住三天'은 원인을 나타내는 因为가 생략되어 있는 문장이다. 이번에 베이징에서 3일만 머무를 수 있기 때문에 가장 유명한 한두 곳만 골라서 볼 수밖에 없다고 했으므로 제시된 문장은 녹음 내용과 일치하지 않는다.

어휘 这次 zhècì 대 이번 | 北京 Běijīng 고유 베이징 | ★住 zhù 동 머무르다 | ★所以 suǒyǐ 접 그래서 | ★只能 zhǐnéng 동 ~할 수밖에 없다 | ★选择 xuǎnzé 동 고르다 | 最 zuì 부 가장 | 有名 yǒumíng 형 유명하다 | 地方 dìfang 명 장소, 곳 |

★机会 jīhuì 명 기회 | 别的 biéde 대 다른 것

2

난이도 中 공략 Key 접속사 '除了……, 还……'

老王特别喜欢旅游，除了北京、上海以外，他还去过桂林，我很羡慕他。

★ 老王去过上海。(√)

라오왕은 여행을 유달리 좋아한다. 베이징, 상하이 외에 구이린도 가봤다. 나는 그가 매우 부럽다.

★ 라오왕은 상하이에 가봤다. (√)

공략 '除了……, 还……'는 '~을 제외하고 더 ~하다'라는 의미의 접속사이다. 라오왕은 베이징, 상하이 외에 구이린도 가봤다고 했으므로 제시된 문장은 녹음 내용과 일치한다.

어휘 ★特别 tèbié 부 특별히, 아주 | ★除了 chúle 접 ~외에 | 过 guo 조 ~한 적이 있다 | 桂林 Guìlín 고유 구이린 | 羡慕 xiànmù 동 부러워하다

3

난이도 中 공략 Key 전환 관계 접속사 但是

我跟中国人一样喜欢打太极拳，但是我打得不是很好。

★ 他太极拳打得不怎么样。(√)

나는 중국인처럼 태극권 하는 것을 좋아한다. 그러나 나는 잘하지 못한다.

★ 그는 태극권을 별로 잘하지 못한다. (√)

공략 但是는 전환을 나타내는 접속사이다. 나는 중국인처럼 태극권 하는 것을 좋아하지만 잘하지 못한다고 말하고 있다. '不怎么样'은 '별로 좋지 않다'라는 의미를 나타내므로 제시된 문장과 녹음 내용은 일치한다.

어휘 ★跟……一样 gēn……yíyàng ~와 같다 | 中国人 Zhōngguórén 명 중국인 | 打太极拳 dǎ tàijíquán 태극권을 하다 | ★但是 dànshì 접 그러나

4

난이도 中 공략 Key 전환 관계 접속사 但是

这两天下大雪了，天气特别冷，我的朋友都在外边玩儿雪。但是我很怕冷，就在家看看书、玩儿玩儿电脑。

★ 他跟朋友玩儿雪。(×)

요 며칠 동안 눈이 많이 내렸고, 날씨도 유달리 추웠다. 내 친구들은 모두 밖에서 눈을 가지고 놀지만, 그러나 나는 추위를 많이 타서 집에서 책도 좀 보고, 컴퓨터도 좀 했다.

★ 그는 친구들과 함께 눈을 가지고 놀았다. (×)

공략 전환 관계 접속사 但是에 주의하며 들어야 한다. 요 며칠 동안 눈이 많이 내려서 내 친구들은 모두 밖에서 눈을 가지고 놀았지만 나는 추위를 많이 타서 '就在家看看书，玩儿玩儿电脑'라고 했으므로 친구들과 함께 눈을 가지고 놀았다는 문장은 녹음 내용과 일치하지 않는다.

어휘 ★大雪 dàxuě 명 대설 | 天气 tiānqì 명 날씨 | 冷 lěng 형 춥다 | 朋友 péngyou 명 친구 | 外边 wàibian 명 밖, 바깥 | ★玩儿 wánr 동 놀다 | ★怕 pà 동 견디지 못하다, ~에 약하다 | 电脑 diànnǎo 명 컴퓨터

5

난이도 中 공략 Key 전환 관계 접속사 '虽然……, 但是……'

我周末搬家了。新的房子虽然大了点儿，但是离学校很远。

★ 他现在住在学校附近。(×)

나는 주말에 이사를 했다. 새집은 비록 조금 크지만, 그러나 학교에서 아주 멀다.

★ 그는 지금 학교 근처에서 산다. (×)

공략 '虽然……, 但是……'는 비록 ~이지만 그러나 ~하다'라는 의미의 접속사이다. 새집이 크긴 하지만, 학교에서 아주 멀다고

했으므로 제시된 문장은 녹음 내용과 일치하지 않는다.

어휘 周末 zhōumò 명 주말 | ★搬家 bānjiā 동 이사하다 | 房子 fángzi 명 집 | 大 dà 형 크다 | ★虽然 suīrán 접 비록 ~이지만 | 学校 xuéxiào 명 학교 | ★远 yuǎn 형 멀다 | ★附近 fùjìn 명 부근, 근처

6 난이도 上 공략 Key 가정 관계 접속사 '如果……就好了'

站在山上往下看，风景太美了，<u>如果带上照相机就好了</u>。 ★ 他没带照相机。(√)	산 위에 서서 아래를 보니, 풍경이 대단히 아름답다. <u>만약에 사진기를 가지고 왔으면 좋았을 텐데.</u> ★ 그는 사진기를 가져오지 않았다. (√)

공략 '如果……就好了'는 '만약 ~라면 좋았을 텐데'라는 의미의 접속사이다. 문제에서 '如果带上照相机就好了'라고 말하고 있으므로 그가 사진기를 가지고 오지 않았음을 알 수 있다.

어휘 站 zhàn 동 서다 | 山上 shānshàng 산중, 산 위 | 往 wǎng 개 ~쪽으로, ~을 향해 | 下 xià 명 아래 | 风景 fēngjǐng 명 풍경 | 太 tài 부 대단히, 매우 | 美 měi 형 아름답다 | 如果 rúguǒ 접 만약 ~라면 | 带 dài 동 지니다 | 照相机 zhàoxiàngjī 명 사진기

7 난이도 上 공략 Key 병렬 관계 접속사 '一边……一边……'

<u>过去，我的儿子一边听音乐，一边做作业</u>。现在，他没有这个习惯了，因为这样做影响学习。 ★ 他正在做作业。(×)	<u>예전에 제 아들은 음악을 들으면서 숙제를 했습니다.</u> 지금은 이 습관이 없어졌어요. 왜냐하면 이렇게 하는 것이 공부에 영향을 주기 때문입니다. ★ 그는 지금 숙제를 하고 있다. (×)

공략 '一边……一边……'은 '~하면서 ~하다'라는 의미의 접속사로 두 가지 동작이 동시에 발생함을 나타낸다. 아들에 대해 '过去，我的儿子一边听音乐，一边做作业'라고 했으므로 지금 숙제를 하고 있다는 문장은 틀렸다.

어휘 ★过去 guòqù 명 과거 | ★一边……一边…… yìbiān……yìbiān…… ~하면서 ~하다 | 听音乐 tīng yīnyuè 음악을 듣다 | 做作业 zuò zuòyè 숙제를 하다 | 现在 xiànzài 명 지금 | ★习惯 xíguàn 명 습관 | 因为 yīnwèi 접 왜냐하면 | ★影响 yǐngxiǎng 동 영향을 주다

8 난이도 上 공략 Key 목적 관계 접속사 '为了+목적, 행위'

<u>为了提高我的汉语水平</u>，我每天学习汉语，甚至一有时间，就跟中国人聊天。 ★ 他的汉语水平很高。(×)	<u>내 중국어 수준을 향상시키기 위해서</u> 나는 매일 중국어 공부를 한다. 심지어 시간만 있으면, 중국인과 이야기를 한다. ★ 그의 중국어 수준은 매우 높다. (×)

공략 为了는 '~을 하기 위해서'라는 의미를 나타내는 접속사로 '为了+목적, 행위'의 형태로 쓰인다. 중국어 수준을 향상시키기 위해서 매일 중국어 공부를 하고, 시간이 있으면 중국인과 이야기를 한다고만 제시되어 있기 때문에 그의 중국어 수준이 높은지는 알 수 없다. 따라서 제시된 문장은 틀렸다.

어휘 ★为了 wèile 개 ~을 하기 위해서 | 提高 tígāo 동 향상시키다 | 汉语 Hànyǔ 명 중국어 | 水平 shuǐpíng 명 수준 | 学习 xuéxí 동 공부하다 | ★甚至 shènzhì 접 더욱이, 더 나아가서는 | ★一……就…… yī……jiù…… ~하기만 하면 ~하다 | 时间 shíjiān 명 시간 | ★跟……聊天 gēn……liáotiān ~와 이야기를 하다

06 day 숫자에 즉각적으로 반응하라

06-7 본책_ 55쪽

정답 1. C 2. B 3. B 4. A 5. A 6. A 7. C 8. C

1

난이도 下 공략 Key 간단한 계산을 통한 점수 파악

女：小王，英语考试考得怎么样？得了多少分？
男：妈妈，这次只差五分就100了。

问：小王考试得了多少分？

A 5分 B 85分 **C 95分**

여: 샤오왕, 영어 시험은 잘 봤니? 몇 점 받았어?
남: 엄마, 이번에 5점이 부족해서 100점 못 받았어요.

질문: 샤오왕은 시험에서 몇 점을 받았는가?

A 5점 B 85점 **C 95점**

공략 보기를 통해서 점수를 묻는 문제임을 알 수 있다. 영어 시험에서 몇 점을 받았냐는 여자의 말에 남자는 '这次只差五分就100了'라고 말하고 있다. 남자의 말을 통해서 C가 정답임을 알 수 있다.

어휘 英语 Yīngyǔ 명 영어 | ★考试 kǎoshì 명 시험 | ★怎么样 zěnmeyàng 어떠하다 | 得分 défēn 동 점수를 얻다 | 次 cì 양 번 | 只 zhǐ 부 단지, 다만 | ★差 chà 동 부족하다

2

난이도 中 공략 Key 핵심 어휘 提前의 의미 파악

男：我听说下周三有游泳比赛。
女：学校通知，比赛要提前一天了。

问：游泳比赛什么时候举行？

A 下周一
B 下周二
C 下周三

남: 다음 주 수요일에 수영 시합이 있다고 들었어.
여: 학교에서 시합이 하루 앞당겨졌다고 통보했어.

질문: 수영 시합은 언제 열리는가?

A 다음 주 월요일
B 다음 주 화요일
C 다음 주 수요일

공략 보기를 통해 요일을 묻는 문제임을 알 수 있다. 남자의 '下周三'만 듣고 다음 주 수요일에 수영 시합이 있다고 생각하면 함정에 빠지게 된다. 提前은 '앞당기다'라는 의미의 동사로, '比赛要提前一天了'를 통해 시합은 다음 주 수요일에서 하루 앞당겨져 다음 주 화요일에 열린다는 것을 알 수 있다.

어휘 ★听说 tīngshuō 동 듣자 하니 | ★下周 xiàzhōu 명 다음 주 | 游泳 yóuyǒng 명 수영 | 比赛 bǐsài 명 시합 | 学校 xuéxiào 명 학교 | 通知 tōngzhī 동 통지하다, 알리다 | ★提前 tíqián 동 (예정된 시간을) 앞당기다

3

난이도 下 공략 Key 一刻의 의미 파악

女：你终于来了，都九点一刻了。
男：不好意思，我今天起晚了。

问：现在几点了？

A 9:00 **B 9:15** C 9:45

여: 네가 마침내 왔구나. 벌써 9시 15분이야.
남: 미안해. 내가 오늘 늦게 일어났어.

질문: 지금은 몇 시인가?

A 9시 **B 9시 15분** C 9시 45분

공략 보기를 통해서 시간을 묻는 문제임을 알 수 있다. 여자의 '都九点一刻了'를 통해서 현재 시간이 9시 15분임을 알 수 있다.

어휘 ★终于 zhōngyú 부 마침내, 결국 | ★刻 kè 양 15분 | 起 qǐ 동 일어나다 | 晚 wǎn 형 늦다

4 난이도 中 공략 Key 핵심 문장을 통한 시간 파악

男：你知道咱们明天几点见面吧？别迟到了！ 女：知道，十点半在学校正门见面，放心吧，我不会迟到的。 问：明天他们什么时候见面？ Ⓐ 10:30　B 10:00　C 9:30	남: 내일 우리가 몇 시에 만나는지 알지? 지각하지 마! 여: 알았어. 10시 반에 학교 정문에서 만나. 걱정하지 마. 늦지 않을 테니까. 질문: 내일 그들은 언제 만나는가? Ⓐ 10시 30분　B 10시　C 9시 30분

공략 보기를 통해서 시간을 묻는 문제임을 알 수 있다. 여자의 '十点半在学校正门见面'을 통해서 두 사람이 내일 10시 반에 학교 정문에서 만나는 것을 알 수 있으므로 A가 정답으로 가장 적절하다.

어휘 知道 zhīdào 동 알다 | 咱们 zánmen 대 우리 | ★见面 jiànmiàn 동 만나다 | ★别 bié 부 ~하지 마라 | 迟到 chídào 동 지각하다 | 学校 xuéxiào 명 학교 | 正门 zhèngmén 명 정문 | ★放心 fàngxīn 동 마음을 놓다, 안심하다 | 会 huì 조동 ~할 것이다

5 난이도 下 공략 Key 핵심 문장을 통한 가격 파악

女：电影票多少钱一张？ 男：八十。您要买几点的？ 问：电影票多少钱一张？ Ⓐ 80元　B 70元　C 60元	여: 영화 표가 한 장에 얼마입니까? 남: 80위안입니다. 몇 시 영화를 원하십니까? 질문: 영화 표는 한 장에 얼마인가? Ⓐ 80위안　B 70위안　C 60위안

공략 보기를 통해서 가격을 묻는 문제임을 알 수 있다. 영화 표가 한 장에 얼마냐는 여자의 물음에 남자는 八十라고 대답하고 있다. 따라서 A가 정답으로 적절하다.

어휘 ★电影票 diànyǐng piào 영화 표 | 张 zhāng 양 장(종이를 세는 단위) | 买 mǎi 동 사다, 구매하다

6 난이도 下 공략 Key 핵심 문장을 통한 가격 파악

男：咱俩穿的毛衣是一样的，你什么时候买的？多少钱？ 女：一百六，昨天买的。 问：女的花多少钱买了毛衣？ Ⓐ 160元　B 180元　C 140元	남: 우리 둘이 입은 스웨터가 똑같아. 너는 언제 샀니? 얼마 줬어? 여: 160위안 줬어. 어제 산 거야. 질문: 여자는 스웨터를 얼마 주고 샀나? Ⓐ 160위안　B 180위안　C 140위안

공략 보기를 통해 가격을 묻는 문제임을 알 수 있다. 스웨터가 똑같다며 얼마 주고 샀냐는 남자의 물음에 여자는 一百六라고 대답하고 있다. 따라서 A가 정답임을 알 수 있다.

어휘 俩 liǎ 수 두 사람 | 穿 chuān 동 (옷·신발·양말 등을) 입다, 신다 | 毛衣máoyī 명 스웨터 | ★一样 yíyàng 형 같다

7 난이도 中 공략 Key 핵심 문장을 통한 시간 파악

女：现在是8点，去学校附近的银行早不早？ 男：不早了，骑自行车要半个小时。 问：他们最可能什么时候到银行？	여: 지금이 8시인데, 학교 근처 은행에 가면 이르지 않을까? 남: 이르지 않아. 자전거 타고 가면 30분은 걸리잖아. 질문: 그들은 언제 은행에 도착할 가능성이 큰가?

A 8:00	B 7:30	C 8:30	A 8시	B 7시 30분	C 8시 30분

공략 지금은 8시이며, 자전거를 타고 학교 근처 은행에 가면 30분 정도 걸린다고 했으므로, 그들은 8시 30분 정도에 은행에 도착한다는 것을 알 수 있다.

어휘 现在 xiànzài 명 지금 | 学校 xuéxiào 명 학교 | ★附近 fùjìn 명 부근, 근처 | 银行 yínháng 명 은행 | ★早 zǎo 형 (때가) 이르다, 빠르다 | 骑 qí 동 타다 | 自行车 zìxíngchē 명 자전거

8 난이도 上 공략 Key 핵심 문장을 통한 요일 파악

男：小刘，今天是周末，你来学校干什么？
女：我以为今天是周一呢。

问：今天可能是星期几？

A 星期一　B 星期三　C 星期天

남: 샤오류, 오늘은 주말인데 학교에 무엇을 하려고 왔어?
여: 나는 오늘이 월요일인 줄 알았어.

질문: 오늘은 무슨 요일인가?

A 월요일　B 수요일　C 일요일

공략 남자의 '今天是周末'를 통해서 오늘이 주말임을 알 수 있다. 以为는 일반적으로 판단 오류를 나타내는 동사이므로 여자가 오늘을 월요일로 착각했다는 것을 알 수 있다. 따라서 A는 정답이 될 수 없으며, C가 정답이다.

어휘 ★周末 zhōumò 명 주말 | 干 gàn 동 일을 하다 | ★以为 yǐwéi 동 여기다, 생각하다 | 周一 zhōu yī 명 월요일

07 day 나는 네가 어디 있는지 알고 있다

07-6 본책_ 61쪽

정답 1. C　2. C　3. A　4. C　5. B　6. A　7. C　8. A

1 난이도 上 공략 Key 老地方의 의미 파악

女：我明天早上的飞机，今天中午有时间见个面吗？
男：好的，那我们还是老地方见。

问：他们打算在哪儿见面？

A 机场　B 国外　C 老地方

여: 나 내일 아침 비행기야. 오늘 점심에 시간 있으면 만날까?
남: 좋아. 그럼 우리가 늘 만나던 곳에서 보자.

질문: 그들은 어디에서 만나기로 했는가?

A 공항　B 외국　C 늘 만나던 곳

공략 오늘 점심에 만나자는 여자의 제안에 남자는 老地方에서 만나자고 말하고 있다. 여기서 老地方은 늘 만나던 장소를 말한다. 중국인들이 자주 쓰는 표현이므로 의미를 꼭 익혀두자.

어휘 飞机 fēijī 명 비행기 | 有时间 yǒu shíjiān 시간이 나다 | 见面 jiànmiàn 동 만나다 | ★老地方 lǎodìfang 명 늘 만나던 곳

2 난이도 下 공략 Key 직접적으로 언급한 장소 파악

男：你知道我的手机在哪儿吗？ 女：没有啊，你看看，在你自己的包里呢。 问：手机是在哪儿找到的？ A 衬衫里　B 洗手间　**Ⓒ 包里**	남: 내 휴대 전화가 어디에 있는지 아니? 여: 아니. 봐봐. 네 가방 안에 있잖아. 질문: 휴대 전화를 어디에서 찾았는가? A 셔츠 안　B 화장실　**Ⓒ 가방 안**

공략 휴대 전화를 찾고 있는 남자에게 여자는 '在你自己的包里呢'라고 알려주고 있다. 따라서 C가 정답이다.

어휘 ★手机 shǒujī 명 휴대 전화 | 自己 zìjǐ 대 자기, 자신 | ★包 bāo 명 가방 | 衬衫 chènshān 명 와이셔츠, 셔츠

3 난이도 下 공략 Key 가고자 하는 장소 파악

女：学校食堂在哪儿？ 男：我看看这张校园地图吧。 问：他们要去哪儿？ **Ⓐ 食堂**　B 医院　C 图书馆	여: 학교 식당은 어디에 있지? 남: 내가 캠퍼스 지도를 좀 볼게. 질문: 그들은 어디에 가려고 하는가? **Ⓐ 식당**　B 병원　C 도서관

공략 여자는 남자에게 '学校食堂在哪儿?'이라고 묻고 있으므로 그들이 식당에 가려고 함을 알 수 있다. 핵심 어휘인 '学校食堂'만 들었다면 정답을 쉽게 찾을 수 있다.

어휘 ★食堂 shítáng 명 식당 | 张 zhāng 양 장(종이를 세는 단위) | 校园 xiàoyuán 명 교정, 캠퍼스 | 地图 dìtú 명 지도

4 난이도 中 공략 Key 가고자 하는 장소 파악

男：请问，校长办公室在哪儿？ 女：就在对面，右边第一个办公室。 问：他们现在在哪儿？ A 医院　B 公司　**Ⓒ 学校**	남: 실례합니다. 교장실이 어디에 있나요? 여: 바로 맞은편에 있어요. 오른쪽 첫 번째 사무실입니다. 질문: 그들은 지금 어디에 있는가? A 병원　B 회사　**Ⓒ 학교**

공략 남자는 여자에게 '校长办公室在哪儿?'이라고 물어보고 있으며, '校长办公室'만 들었어도 C가 정답임을 쉽게 알 수 있다.

어휘 ★校长 xiàozhǎng 명 교장 선생님 | ★办公室 bàngōngshì 명 사무실 | 对面 duìmiàn 명 맞은편 | 右边 yòubian 명 오른쪽

5 난이도 上 공략 Key 핵심 어휘로 장소 파악

女：小王，下课以后你去哪儿？ 男：我要去吃饭，再去买本杂志，然后去电影院看电影。 问：男的可能会先去哪儿？ A 电影院　**Ⓑ 饭馆**　C 书店	여: 샤오왕, 수업 마치고 너 어디에 가니? 남: 나는 밥을 먹으러 갔다가 잡지를 사러 가려고, 그 후에는 영화를 보러 영화관에 갈 거야. 질문: 남자는 먼저 어디에 가려고 하는가? A 영화관　**Ⓑ 식당**　C 서점

공략 수업을 마치고 남자가 가려고 하는 곳은 모두 세 곳이다. 녹음 내용을 들으면서 가려고 하는 장소를 순서대로 메모하며 듣자. 남자가 '我要去吃饭'이라고 했으므로 B가 정답임을 알 수 있다.

어휘 下课 xiàkè 동 수업이 끝나다 | 杂志 zázhì 명 잡지 | 然后 ránhòu 접 그런 후에 | 电影院 diànyǐngyuàn 명 영화관

6 　　　　난이도 上 공략 Key 남녀 대화를 통해 장소 파악

男：我回来了，给我做什么好吃的了？
女：有你最爱吃的菜。

问：他们最可能在哪儿？

Ⓐ 家里　　B 商店　　C 饭馆

남: 나 왔어요. 무슨 맛있는 음식 했어요?
여: 당신이 가장 좋아하는 음식을 했어요.

질문: 그들은 어디에 있을 가능성이 큰가?

Ⓐ 집　　B 상점　　C 식당

공략 '我回来了'를 통해서 남자가 어디선가 돌아왔음을 알 수 있다. 또 무슨 맛있는 음식을 했냐는 남자의 말에 여자는 당신이 가장 좋아하는 음식을 했다고 말하고 있으므로, 두 사람의 관계는 아마도 부부일 것이며, 이 대화가 이루어지는 장소 또한 집이라는 것을 쉽게 유추할 수 있다.

어휘 最 zuì 부 가장, 제일 | 爱 ài 동 좋아하다 | 菜 cài 명 반찬, 요리

7 　　　　난이도 中 공략 Key 직접적으로 언급한 장소 파악

女：你真的认识路？是不是走错了？
男：没错，那个商店我去过好几次了，就在前面。

问：他们要去哪儿？

A 教室　　B 公司　　Ⓒ 商店

여: 너 정말 길을 아는 거야? 잘못 온 거 아니야?
남: 아니야. 내가 그 상점을 여러 번 가봤어, 바로 앞에 있어.

질문: 그들은 어디에 가려고 하는가?

A 교실　　B 회사　　Ⓒ 상점

공략 잘못 온 거 아니냐는 여자의 말에 남자는 '那个商店我去过好几次了'라고 말하고 있다. 직접적으로 언급한 商店을 들었다면 쉽게 정답을 찾을 수 있다.

어휘 ★认识 rènshi 동 알다 | 路 lù 명 길 | ★商店 shāngdiàn 명 상점 | 前面 qiánmian 명 (공간·위치 상의) 앞

8 　　　　난이도 中 공략 Key 핵심 어휘로 장소 파악

男：我点的菜怎么还没好？
女：对不起，今天客人比较多，请您再等一下。

问：男的在哪儿？

Ⓐ 饭馆　　B 商店　　C 厨房

남: 제가 주문한 음식이 왜 아직도 안 나오죠?
여: 죄송합니다. 오늘 손님이 비교적 많아서요. 잠시만 기다려주세요.

질문: 남자는 어디에 있는가?

Ⓐ 식당　　B 상점　　C 주방

공략 남자의 '我点的菜怎么还没好?'를 통해 남자가 식당에서 주문한 음식을 기다리고 있음을 알 수 있으므로 정답은 A가 된다.

어휘 点菜 diǎncài 동 요리를 주문하다 | 怎么 zěnme 대 왜, 어째서 | 客人 kèrén 명 손님 | 比较 bǐjiào 부 비교적 | 请 qǐng 동 청하다, 부탁하다 | 等 děng 동 기다리다

08 day 누가? 무엇을? 대상과 행동을 기억하라

08-7 본책_69쪽

정답 1. A 2. B 3. A 4. C 5. A 6. A 7. B 8. B

1

난이도 中 공략 Key 인물 관계를 나타내는 핵심 어휘 파악

女：那张照片上的那个男孩儿是谁?
男：他是我们邻居的儿子，我女儿的同学。

问：那个男孩儿是谁的孩子?

Ⓐ 邻居的 B 老师的 C 我的

여: 그 사진 속의 남자아이는 누구예요?
남: 그는 우리 이웃집 아들이에요. 제 딸아이의 반 친구예요.

질문: 그 남자아이는 누구의 아이인가?

Ⓐ 이웃집 아이 B 선생님의 아이 C 내 아이

공략 보기를 통해서 인물 관계를 묻는 문제임을 알 수 있다. 사진 상의 남자아이가 누구냐는 여자의 물음에 남자는 '他是我们邻居的儿子'라고 대답하고 있다. 남자의 대답을 통해 A가 정답임을 알 수 있다.

어휘 张 zhāng 양 장(종이를 세는 단위) | ★照片 zhàopiàn 명 사진 | 男孩儿 nánháir 명 남자아이 | ★邻居 línjū 명 이웃집 | 儿子 érzi 명 아들 | 女儿 nǚ'ér 명 딸 | 同学 tóngxué 명 학교 친구

2

난이도 中 공략 Key 사물 관련 핵심 어휘 파악

男：我看您很了解中国，您是教汉语的吗?
女：不是，我是教英语的，但我对汉语很有兴趣。

问：女的是教什么的?

A 汉语 Ⓑ 英语 C 历史

남: 내가 보기에 당신은 중국을 잘 아는 것 같아요. 당신은 중국어를 가르치시나요?
여: 아니요. 저는 영어를 가르쳐요. 그러나 중국어에 흥미가 있어요.

질문: 여자는 무엇을 가르치는가?

A 중국어 Ⓑ 영어 C 역사

공략 보기를 통해 대상과 연관된 사물을 묻는 문제임을 알 수 있다. 중국어를 가르치냐는 남자의 물음에 여자는 '不是'라고 대답하고 있으므로 A는 정답이 될 수 없으며, '我是教英语的'라는 여자의 말을 통해 B가 정답임을 알 수 있다.

어휘 ★了解 liǎojiě 동 자세하게 알다 | 中国 Zhōngguó 고유 중국 | 教 jiāo 동 가르치다 | ★汉语 Hànyǔ 명 중국어 | ★英语 Yīngyǔ 명 영어 | ★对……有兴趣 duì……yǒu xìngqù ~에 흥미가 있다 | 历史 lìshǐ 명 역사

3

난이도 上 공략 Key 인물 파악

女：最近怎么样，好多了吧?
男：医生说我很快就能出院了，别担心。

问：男的想让谁放心?

Ⓐ 女的 B 爸爸 C 医生

여: 요즘 어때요? 많이 좋아졌죠?
남: 의사 선생님께서 곧 있으면 퇴원할 수 있대요. 걱정하지 마세요.

질문: 남자는 누구에게 안심하라고 하는가?

Ⓐ 여자 B 아빠 C 의사

공략 보기를 통해 제시된 행위와 연관된 인물을 묻는 문제임을 알 수 있다. 남자는 여자에게 '医生说我很快就能出院了，别担心'이라고 말하고 있다. 즉, 남자가 여자를 안심시키고 있음을 알 수 있으므로 A가 정답으로 적절하다.

어휘 最近 zuìjìn 명 최근, 요즘 | 怎么样 zěnmeyàng 어떠하다 | 医生 yīshēng 명 의사 | ★出院 chūyuàn 동 퇴원하다 | ★别 bié 부 ~하지 마라 | ★担心 dānxīn 동 걱정하다

4

난이도 中 공략 Key 사물 관련 핵심 어휘 파악

男：你想喝点儿什么？喝茶还是喝咖啡？
女：我不喜欢喝茶和咖啡。有果汁吗？

问：女的想喝什么？

A 茶　B 咖啡　**Ⓒ 果汁**

남: 당신은 무엇을 마시고 싶어요? 차를 마실래요, 아니면 커피를 마실래요?
여: 저는 차와 커피를 좋아하지 않아요. 과일 주스 있나요?

질문: 여자는 무엇을 마시고 싶어하는가?

A 차　B 커피　**Ⓒ 과일 주스**

공략 보기를 통해 대상과 연관된 사물을 묻는 문제임을 알 수 있다. 还是는 '아니면'이라는 의미를 나타내는 접속사로 'A 还是 B' 형태로 선택 의문문에서 쓰인다. 차와 커피 중에서 무엇을 마시고 싶냐는 남자의 물음에 여자는 '有果汁吗?'라고 물어보고 있다. 여자의 대답을 통해 C가 정답임을 알 수 있다.

어휘 想 xiǎng 조동 ~하고 싶다 | 喝茶 hē chá 차를 마시다 | ★还是 háishi 접 아니면 | 咖啡 kāfēi 명 커피 | 果汁 guǒzhī 명 과일 주스

5

난이도 上 공략 Key 사물 관련 핵심 어휘 파악

女：这种红袜子三块五一双，黄的六块，蓝的四块。
男：我要买最便宜的。

问：男的会买哪种颜色的袜子？

Ⓐ 红的　B 黄的　C 蓝的

여: 이 빨간 양말은 한 켤레에 3.5위안이고, 노란색은 6위안, 파란색은 4위안입니다.
남: 저는 가장 저렴한 걸 원해요.

질문: 남자는 어떤 색의 양말을 사겠는가?

Ⓐ 빨간색　B 노란색　C 파란색

공략 보기를 통해 제시된 행위와 연관된 사물을 묻는 문제임을 알 수 있다. 보기가 모두 색깔을 나타내는 어휘들이므로 색깔을 나타내는 핵심 어휘에 더욱 집중하여 듣도록 한다. 또한 양말마다 다른 가격을 나열하고 있으므로, 간단하게 가격을 메모하며 듣는 것이 중요하다. 남자는 가장 저렴한 걸 원한다고 했으므로 A가 정답이 된다.

어휘 ★红 hóng 형 붉다, 빨갛다 | 袜子 wàzi 명 양말 | 双 shuāng 양 짝, 켤레 | ★黄 huáng 형 노랗다 | ★蓝 lán 형 남색의, 남빛의 | 最 zuì 부 가장, 제일 | 便宜 piányi 형 (값이) 싸다

6

난이도 下 공략 Key 인물 파악

男：小刘，客人几点到？
女：他们刚下了飞机，一个半小时后到公司。

问：男的在等谁？

Ⓐ 客人　B 经理　C 小黄

남: 샤오류, 손님이 몇 시에 도착하나요?
여: 그들은 막 비행기에서 내렸습니다. 한 시간 30분 후면 회사에 도착합니다.

질문: 남자는 누구를 기다리고 있는가?

Ⓐ 손님　B 매니저　C 샤오황

공략 보기를 통해 제시된 동작과 연관된 인물을 묻는 문제임을 알 수 있다. 남자의 '客人几点到?'라는 물음에 여자는 한 시간 30분 후에 회사에 도착한다고 말하고 있다. 따라서 A가 정답으로 적절하다.

어휘 ★客人 kèrén 명 손님 | 到 dào 동 도달하다 | 刚 gāng 부 방금, 막 | 下 xià 동 내려가다 | 飞机 fēijī 명 비행기

7 난이도 中 공략 Key 인물 및 사물을 받는 개사를 통한 의미 파악

女：你带雨伞了？怎么知道今天会下雨？ 男：早上我妈把它放我书包里了。 问：谁把雨伞放包里的？ A 姐姐　　Ⓑ 妈妈　　C 学生	여: 너 우산 챙겨왔어? 오늘 비 오는 거 어떻게 알았어? 남: 아침에 엄마가 우산을 내 가방에 넣어주셨어. 질문: 누가 우산을 가방에 넣었는가? A 언니　　Ⓑ 엄마　　C 학생

공략 보기를 통해 행위와 관련된 인물을 묻는 문제임을 알 수 있다. 오늘 비가 온다는 것을 어떻게 알고 우산을 챙겨왔냐는 여자의 물음에 남자는 '早上我妈把它放我书包里了'라고 대답하고 있다. 남자의 말을 통해 엄마가 우산을 가방에 넣어줬음을 알 수 있다.

어휘 带 dài 동 (몸에) 지니다 | ★雨伞 yǔsǎn 명 우산 | 怎么 zěnme 대 어떻게 | 知道 zhīdào 동 알다 | ★会 huì 조동 ~할 가능성이 있다 | 下雨 xiàyǔ 동 비가 내리다 | 早上 zǎoshang 명 아침 | ★把 bǎ 개 ~을 | ★放 fàng 동 놓아두다 | 书包 shūbāo 명 책가방

8 난이도 上 공략 Key 선택 관계 접속사 或者

男：跑了一个小时了，你想喝点儿什么？ 女：矿泉水或者果汁都可以。 问：女的不想喝什么？ A 矿泉水　　Ⓑ 可乐　　C 果汁	남: 한 시간 동안 달렸네. 너는 뭘 마시고 싶니? 여: 생수 아니면 주스가 좋겠어. 질문: 여자는 무엇을 마시고 싶어 하지 않는가? A 생수　　Ⓑ 콜라　　C 주스

공략 或者는 '~이거나 혹은 ~이다'라는 선택 관계를 나타내는 접속사이다. 무엇을 마시고 싶냐는 남자의 물음에 여자는 '矿泉水或者果汁都可以'라고 말하고 있다. 따라서 보기 중에 언급되지 않은 B가 정답이 된다.

어휘 跑 pǎo 동 달리다, 뛰다 | 喝 hē 동 마시다 | 矿泉水 kuàngquánshuǐ 명 광천수, 생수 | ★或者 huòzhě 접 혹은, 또는 | 果汁 guǒzhī 명 과일 주스

09 day 인물 간의 관계에 주목하라

09-6 본책_ 75쪽

정답 1. C 2. C 3. A 4. C 5. A 6. A 7. C 8. A

1 난이도 下 공략 Key 호칭으로 관계 파악

男：房间里的灯怎么没关啊？
女：女儿说要看书。
男：这么晚了，她还要看书？
女：她今天从朋友那儿借来了一本小说，她说很有意思，让她看吧。

问：他们最可能是什么关系？

A 同学　B 师生　**C 夫妻**

남: 방 안의 등을 어째서 끄지 않나요?
여: 딸아이가 책을 본다고 했어요.
남: 이렇게 늦었는데, 아직까지 책을 본다구요?
여: 딸아이가 오늘 친구한테 소설책 한 권을 빌려왔는데, 아주 재미있다고 했어요. 그녀한테 보라고 해요.

질문: 그들은 무슨 관계일 가능성이 큰가?

A 학우　B 사제　**C 부부**

공략 이 문제의 결정적 단서인 호칭에 관한 어휘를 들었다면 정답을 쉽게 찾을 수 있다. 방 안의 등을 왜 끄지 않았냐는 남자의 물음에 여자는 '女儿说要看书'라고 말하고 있다. 딸이라는 의미의 女儿만 들었다면 두 사람이 부부 관계임을 알 수 있다.

어휘 灯 dēng 명 등 | ★怎么 zěnme 대 어째서 | 关 guān 동 닫다, 끄다 | 借 jiè 동 빌리다 | ★小说 xiǎoshuō 명 소설 | 有意思 yǒuyìsi 재미있다

2 난이도 中 공략 Key 인물 간의 관계를 나타내는 핵심 어휘 파악

女：您好，我住六零七。
男：您好，有什么事需要帮忙吗？
女：房间里的空调坏了，你能来看看吗？
男：好的，真对不起，我们马上找人来。

问：他们最可能是什么关系？

A 丈夫和妻子
B 校长和老师
C 客人和服务员

여: 안녕하세요? 607호인데요.
남: 안녕하세요? 무슨 도움이 필요하십니까?
여: 방 안의 에어컨이 고장 났어요. 와서 좀 봐주실 수 있으세요?
남: 알겠습니다. 정말 죄송합니다. 저희가 바로 사람을 보내겠습니다.

질문: 그들은 무슨 관계일 가능성이 큰가?

A 남편과 부인
B 교장과 선생님
C 손님과 종업원

공략 방 안의 에어컨이 고장 났으니 와서 좀 봐달라는 여자의 말에 남자는 '好的，真对不起，我们马上找人来'라고 말하고 있다. 남녀 대화를 통해서 여자는 호텔에 묵고 있는 손님이며, 남자는 호텔 종업원임을 알 수 있다. 이처럼 인물 간의 관계를 파악함에 있어 대화가 이루어지는 장소와 화자의 직업은 매우 중요하다.

어휘 ★住 zhù 동 살다, 거주하다 | 需要 xūyào 동 필요하다 | 帮忙 bāngmáng 동 도움을 주다 | ★房间 fángjiān 명 방 | 空调 kōngtiáo 명 에어컨 | 坏 huài 동 고장이 나다 | 马上 mǎshàng 부 즉시, 바로

3 난이도 中 공략 Key 인물 간의 관계 파악

男：小赵，你作业做完了吗？
女：做完了，怎么了？
男：这几道题真难，你给我讲讲，好吗？
女：好，我帮你看看。

问：他们是什么关系？

Ⓐ 同学　B 邻居　C 同事

남: 샤오자오, 너 숙제 다 했니?
여: 다 했어. 왜?
남: 이 문제가 너무 어려워. 네가 나에게 설명을 좀 해 줘.
여: 응. 내가 한번 볼게.

질문: 그들은 무슨 관계인가?

Ⓐ 학우　B 이웃　C 동료

공략　이 문제는 전체적인 대화 내용을 통해 두 사람의 관계를 파악해야 한다. 남자는 '这几道题真难，你给我讲讲，好吗?'라며 여자에게 설명을 해달라고 부탁하고 있다. 또한 숙제를 다 했냐는 남자의 물음에 여자는 다 했다고 대답하고 있으므로 정답은 A가 된다.

어휘　作业 zuòyè 명 숙제 | ★道 dào 양 명령이나 문제 등을 세는 단위 | 题 tí 명 문제 | ★难 nán 형 어렵다

4 난이도 中 공략 Key 인물 간의 관계를 나타내는 핵심 어휘 파악

女：这是你的成绩单。
男：九十五分，太好了！
女：你是我们班第一名，继续加油！
男：好的，王老师，您放心吧！

问：他们是什么关系？

A 爸爸和女儿
B 妈妈和儿子
Ⓒ 老师和学生

여: 이것이 너의 성적표야.
남: 95점. 아주 좋아요!
여: 네가 우리 반 일등이야. 계속해서 힘내!
남: 네. 왕 선생님, 걱정 마세요.

질문: 그들은 무슨 관계인가?

A 아빠와 딸
B 엄마와 아들
Ⓒ 선생님과 학생

공략　이 문제는 호칭이나 두 사람의 관계를 파악할 수 있는 핵심 어휘를 통해 인물의 관계를 파악해야 한다. 우선 남자의 '王老师，您放心吧!'를 통해서 여자는 남자의 선생님임을 알 수 있다. 또한 '成绩单, 我们班, 第一名' 등의 핵심 어휘를 통해서 두 사람이 선생님과 제자 관계임을 다시 한 번 확인할 수 있다.

어휘　★成绩单 chéngjìdān 명 성적표 | ★太……了 tài……le 너무 ~하다 | 班 bān 명 조, 그룹, 반 | 第一名 dì-yī míng 명 일등 | ★继续 jìxù 동 계속하다 | 加油 jiāyóu 동 힘을 내다 | 放心 fàngxīn 동 마음을 놓다, 안심하다

5 난이도 上 공략 Key 핵심 문장을 통한 제3자와의 관계 파악

男：小李，刚才跟你说话的那个人是谁啊？
女：我的英语老师，你认识？
男：应该不认识，但是好像在哪儿见过。
女：那你可能是在我们学校里见过吧！

问：那个人和小李是什么关系？

Ⓐ 老师和学生
B 同学
C 老师和校长

남: 샤오리, 방금 너랑 이야기한 그 사람은 누구야?
여: 내 영어 선생님이야. 너 알아?
남: 모르는데, 어디선가 본 적이 있는 것 같아.
여: 그럼 네가 아마도 학교에서 봤겠지.

질문: 그 사람과 샤오리는 무슨 관계인가?

Ⓐ 선생님과 학생
B 학우
C 선생님과 교장

공략 이 문제는 남녀의 관계를 묻는 것이 아니라, 두 사람의 대화 내용에 등장하는 제3자와 샤오리의 관계를 묻는 난이도가 비교적 높은 문제이다. 방금 너랑 이야기한 사람이 누구냐는 남자의 물음에 여자는 '我的英语老师'라고 대답하고 있다. 따라서 두 사람이 사제 관계임을 알 수 있으므로 A가 정답으로 가장 적절하다.

어휘 ★刚才 gāngcái 명 방금 | 说话 shuōhuà 동 말하다, 이야기하다 | 谁 shéi 대 누구 | 英语 Yīngyǔ 명 영어 | 老师 lǎoshī 명 선생님 | ★认识 rènshi 동 알다 | 应该 yīnggāi 조동 반드시 ~할 것이다 | ★好像 hǎoxiàng 부 마치 ~와 같다 | 见 jiàn 동 마주치다, 만나다 | ★可能 kěnéng 부 아마도 | 学校 xuéxiào 명 학교

6 난이도 中 공략 Key 인물 간의 관계 파악

女：你这条裤子脏死了，一起扔洗衣机里洗洗吧。 男：等一下！口袋里还有十块钱呢。 女：快把钱拿出来，给我。 男：好的，谢谢你。 问：他们俩最可能是什么关系？ Ⓐ 丈夫和妻子 B 老师和学生 C 司机和乘客	여: 당신의 이 바지가 너무 더러워요. 함께 세탁기에 넣어 빨아야겠어요. 남: 잠깐만요! 주머니에 10위안이 있어요. 여: 얼른 돈을 꺼내고, 저에게 주세요. 남: 알았어요. 고마워요. 질문: 그들은 아마도 무슨 관계일 가능성이 큰가? Ⓐ 남편과 부인 B 선생님과 학생 C 운전기사와 승객

공략 이 문제는 전체적인 대화 내용을 통해 두 사람의 관계를 파악해야 한다. '你这条裤子脏死了，一起扔洗衣机里洗洗吧'라는 여자의 말을 통해 남녀가 함께 살고 있음을 알 수 있으므로 부부일 가능성이 가장 크다. 따라서 A가 정답으로 적절하다.

어휘 ★条 tiáo 양 개, 벌(치마·바지 등을 세는 단위) | 裤子 kùzi 명 바지 | ★脏 zāng 형 더럽다 | 扔 rēng 동 던지다 | ★洗衣机 xǐyījī 명 세탁기 | 洗 xǐ 동 씻다, 빨다 | 口袋 kǒudai 명 주머니 | 钱 qián 명 돈

7 난이도 中 공략 Key 인물 간의 관계 파악

男：你去看看孩子在干什么？ 女：今天是周末，你让他好好儿休息一下吧。 男：快到考试了，周末也要复习啊，快去。 女：哎呀，知道了。 问：他们是什么关系？ A 师生　B 同事　Ⓒ 夫妻	남: 아이가 뭘 하고 있는지 당신이 가서 좀 봐요. 여: 오늘은 주말인데 좀 푹 쉬라고 해요. 남: 곧 시험이에요. 주말에도 복습해야 해요. 얼른 가 봐요. 여: 아이고, 알겠어요. 질문: 그들은 무슨 관계인가? A 사제　B 동료　Ⓒ 부부

공략 남자의 '你去看看孩子在干什么?'라는 말에 여자는 주말인데 좀 쉬게 내버려 두라고 말하고 있다. 두 사람의 대화를 통해 C가 정답임을 알 수 있다.

어휘 ★孩子 háizi 명 아이, 자녀 | 周末 zhōumò 명 주말 | ★好好儿 hǎohāor 부 푹, 마음껏 | 休息 xiūxi 동 휴식하다 | 考试 kǎoshì 동 시험을 치다 | ★复习 fùxí 동 복습하다

8　　난이도 中　공략 Key 인물 간의 관계를 나타내는 핵심 어휘 파악

女：欢迎光临！
男：这条裤子还有小一点儿的吗？这条我穿太大了。
女：裤子您没洗过吧？洗过就不能换了。
男：没有。这是今天上午刚买的。

问：他们是什么关系？

A 服务员和客人
B 老师和学生
C 丈夫和妻子

여: 어서 오세요!
남: 이 바지로 좀 더 작은 거 있나요? 제가 입으니깐 너무 커요.
여: 바지를 세탁하지 않으셨죠? 세탁했으면 교환이 안 돼요.
남: 세탁하지 않았어요. 이건 오늘 오전에 산 거예요.

질문: 그들은 무슨 관계인가?

A 종업원과 손님
B 선생님과 학생
C 남편과 부인

공략　남자는 '这条裤子还有小一点儿的吗?'라며 여자에게 물어보고 있다. 여자는 바지를 세탁하지 않았으면 교환이 가능하다고 말하고 있다. 두 사람의 대화를 통해서 종업원과 손님 관계임을 알 수 있다.

어휘　★欢迎光临 huānyíng guānglín 어서 오세요 | 裤子 kùzi 명 바지 | 小 xiǎo 형 작다 | ★穿 chuān 동 (옷·신발·양말 등을) 입다, 신다 | ★太 tài 부 너무 | 大 dà 형 크다 | 洗 xǐ 동 씻다, 빨다 | 换 huàn 동 교환하다 | 刚 gāng 부 방금, 막

10 day 상황에 따른 인물의 행동에 집중하라

10-6　본책_81쪽

정답	1. C	2. B	3. A	4. B	5. C	6. C	7. A	8. C

1　　난이도 中　공략 Key 인물의 행동 관련 핵심 문장 파악

男：今天的牛肉做得很好吃，你也尝一下吧。
女：少吃肉，多吃菜，对身体好。
男：身体好还要多锻炼身体。
女：那我们下午去跑步吧。

问：他们下午做什么？

A 吃饭
B 做菜
C 跑步

남: 오늘 쇠고기 요리가 정말 맛있어요. 당신도 맛 좀 보세요.
여: 고기는 적게 먹고, 채소를 많이 먹어야 건강에 좋아요.
남: 건강하려면 자주 몸을 단련해야 해요.
여: 그럼 우리 오후에 조깅하러 가요.

질문: 그들은 오후에 무엇을 하러 가는가?

A 식사를 하러 간다
B 요리를 하러 간다
C 조깅을 하러 간다

공략　보기가 모두 행동을 나타내는 동사구로 이루어져 있기 때문에 인물의 행동을 묻는 문제임을 알 수 있다. 건강하려면 자주 몸을 단련해야 한다는 남자의 말에 여자는 '那我们下午去跑步吧'라고 제안하고 있다. 따라서 그들이 오후에 조깅을 하러 간다는 것을 알 수 있다.

어휘 牛肉 niúròu 명 쇠고기 | 好吃 hǎochī 형 맛있다 | ★尝 cháng 동 맛보다 | 少 shǎo 부 약간, 조금 | 多 duō 형 많다 | 对 duì 개 ~에 대해 | 身体 shēntǐ 명 건강, 신체 | ★锻炼 duànliàn 동 단련하다 | ★跑步 pǎobù 동 달리다

2

난이도 上 공략 Key 인물의 행동 관련 핵심 문장 파악

女：我今天穿什么衣服好呢？你帮我选选。
男：你想穿什么样的？
女：我想穿裙子，这条黄色的怎么样？
男：还行。你再试试白色的吧。

问：他们在做什么？

A 买衣服 **B 选衣服** C 卖衣服

여: 오늘 무슨 옷을 입으면 좋을까? 네가 좀 골라줘.
남: 너는 어떤 옷을 입고 싶은데?
여: 나는 치마를 입고 싶어. 이 노란색은 어때?
남: 괜찮아. 흰색 옷도 한번 입어봐.

질문: 그들은 무엇을 하고 있는가?

A 옷을 산다 **B 옷을 고른다** C 옷을 판다

공략 보기가 모두 행동을 나타내는 동사구로 이루어져 있기 때문에 인물의 행동을 묻는 문제임을 알 수 있다. 이 문제는 여자의 첫 문장만 잘 듣고 이해했다면, 쉽게 정답을 찾을 수 있다. 여자의 '我今天穿什么衣服好呢？你帮我选选'이라는 말을 통해 B가 정답임을 알 수 있다. '裙子, 试试' 등의 어휘를 듣고 A를 정답으로 고르지 않도록 대화 내용을 끝까지 집중하여 듣도록 한다.

어휘 穿 chuān 동 (옷·신발·양말 등을) 입다, 신다 | 衣服 yīfu 명 옷 | ★帮 bāng 동 돕다 | ★选 xuǎn 동 고르다 | 裙子 qúnzi 명 치마 | 条 tiáo 양 개, 벌(치마·바지 등을 세는 단위) | 黄色 huángsè 명 노란색 | ★试 shì 동 시험하다, 시도하다 | 白色 báisè 명 흰색

3

난이도 中 공략 Key 听说를 통한 인물의 행동 파악

男：小李，听说你要去中国旅行，能不能帮我点儿事？
女：什么事？你说吧。
男：我要买点普洱茶，这儿买不到。
女：没问题，我帮你买回来。

问：女的要去中国做什么？

A 旅行
B 开会
C 出差

남: 샤오리, 듣자 하니 중국으로 여행을 간다며, 나 좀 도와줄 수 있니?
여: 무슨 일인데? 말해봐.
남: 나는 푸얼차를 좀 사고 싶은데, 여기에서는 살 수 없어서.
여: 알겠어. 내가 사올게.

질문: 여자는 중국으로 무엇을 하러 가는가?

A 여행을 하러 간다
B 회의를 하러 간다
C 출장을 간다

공략 보기가 모두 행동을 나타내는 동사구로 이루어져 있으므로 인물의 행동을 묻는 문제임을 알 수 있다. 听说는 '듣자 하니'라는 의미를 나타내는 어휘로, 핵심 문장 '听说你要去中国旅行'을 통해서 남자가 중국으로 여행을 간다는 것을 알 수 있으므로 A가 정답으로 가장 적절하다.

어휘 ★听说 tīngshuō 동 듣자 하니 | 中国 Zhōngguó 고유 중국 | ★旅行 lǚxíng 동 여행하다 | 普洱茶 pǔ'ěrchá 명 푸얼차(보이차)

4

난이도 中 공략 Key '别……了'를 통한 인물의 행동 파악

女：你作业都做好了吗？
男：还没有呢。
女：别看电视了，快点儿写作业去！
男：我累了，休息一会儿不行吗？

여: 너는 숙제를 다 했니?
남: 아직 못했어요.
여: 텔레비전 보지 말고, 어서 숙제하러 가거라.
남: 제가 피곤해서요. 조금만 쉬면 안 되나요?

问：男的在做什么呢？	질문: 남자는 무엇을 하고 있는가?
A 做作业	A 숙제를 하고 있다
B 看电视	**B 텔레비전을 보고 있다**
C 玩儿电脑	C 컴퓨터를 하고 있다

공략 보기가 모두 행동을 나타내는 동사구로 이루어져 있기 때문에 인물의 행동을 묻는 문제임을 알 수 있다. '别……了'는 '~하지 마라'라는 의미를 나타내는 핵심 어휘이다. 여자가 남자에게 '别看电视了，快点儿写作业去'라고 말하고 있으므로 남자는 지금 텔레비전을 보고 있음을 알 수 있다.

어휘 作业 zuòyè 명 숙제, 과제 | ★别 bié 부 ~하지 마라 | 电视 diànshì 명 텔레비전 | 快 kuài 부 빨리, 급히 | 累 lèi 형 지치다, 피곤하다 | ★休息 xiūxi 동 쉬다 | 一会儿 yíhuìr 잠깐 동안, 잠시

5

난이도 中 공략 Key 正在를 통한 인물의 행동 파악

男：喂，您好，老刘在吗？	남: 여보세요. 안녕하세요. 라오류 있나요?
女：他正在开会呢。	여: 그는 지금 회의 중입니다.
男：您知道开会什么时候结束？	남: 회의가 언제 끝나는지 알 수 있나요?
女：两个小时左右吧。	여: 두 시간 정도 걸립니다.
问：老刘正在做什么？	질문: 라오류는 지금 무엇을 하고 있는가?
A 打电话	A 전화를 하고 있다
B 休息	B 쉬고 있다
C 开会	**C 회의를 하고 있다**

공략 보기가 모두 행동을 나타내는 동사구로 이루어져 있기 때문에 인물의 행동을 묻는 문제임을 알 수 있다. 라오류가 자리에 있냐는 남자의 물음에 여자는 '他正在开会呢'라고 대답하고 있다. 여자의 말을 통해 C가 정답임을 알 수 있다.

어휘 在 zài 동 ~에 있다 | ★正在 zhèngzài 부 지금 ~하고 있다 | ★开会 kāihuì 동 회의를 열다 | 知道 zhīdào 동 알다, 이해하다 | ★结束 jiéshù 동 끝나다, 마치다 | 左右 zuǒyòu 명 가량, 정도

6

난이도 中 공략 Key 先을 통한 인물의 행동 파악

女：碗还没洗呢，你帮我洗洗吧。	여: 그릇을 아직 안 씻었어요. 당신이 저 좀 도와서 씻어주세요.
男：你放那儿吧，我先喝杯茶，一会儿洗。	남: 거기에 놔둬요. 먼저 차를 마시고, 조금 뒤에 씻을게요.
女：好的，那我去看书了。	여: 알겠어요. 그럼 저는 책 보러 갈게요.
男：好好看吧。	남: 마음껏 봐요.
问：男的要先做什么？	질문: 남자는 우선 무엇을 하려고 하는가?
A 洗碗	A 설거지를 하려고 한다
B 看书	B 책을 보려고 한다
C 喝茶	**C 차를 마시려고 한다**

공략 보기가 모두 행동을 나타내는 동사구로 이루어져 있기 때문에 인물의 행동을 묻는 문제임을 알 수 있다. 설거지를 도와달라는 여자의 말에 남자는 '我先喝杯茶，一会儿洗'라고 말하고 있다. 따라서 C가 정답이 된다.

어휘 碗 wǎn 명 공기, 그릇 | ★洗 xǐ 동 씻다 | 放 fàng 동 놓다 | ★先 xiān 부 우선, 먼저 | 杯 bēi 양 잔, 컵 | ★喝茶 hē chá 차를 마시다 | 看书 kànshū 동 책을 보다 | 好好 hǎohāo 부 마음껏, 실컷

난이도 中 공략 Key 인물의 행동 관련 핵심 문장 파악

7

男：你有关于中国文化的书吗？
女：没有，但是我上次在书店看见过。
男：是吗？在哪家书店？
女：就是新华书店。
男：好，我周末去看看。

问：男的周末去做什么？

A 去书店
B 去图书馆
C 去朋友家

남: 너는 중국 문화에 관한 책이 있니?
여: 없어. 그런데 지난번에 서점에서 본 것 같아.
남: 그래? 어느 서점인데?
여: 신화서점에서 봤어.
남: 좋아. 주말에 가서 좀 봐야겠다.

질문: 남자는 주말에 어디를 가는가?

A 서점에 간다
B 도서관에 간다
C 친구 집에 간다

공략 여자의 '我上次在书店看见过'라는 말에 남자는 '我周末去看看'이라고 말하고 있다. 따라서 A가 정답으로 적절하다.

어휘 ★关于 guānyú 개 ~에 관한 | ★文化 wénhuà 명 문화 | 上次 shàngcì 명 지난번 | 书店 shūdiàn 명 서점 | 周末 zhōumò 명 주말

난이도 下 공략 Key 인물의 행동 관련 핵심 문장 파악

8

女：请问，你看见过一个书包吗？
男：什么颜色的？
女：蓝色的，里面有电子词典，还有一些钱。
男：对不起，我没看见。

问：女的在做什么？

A 找书
B 找钱包
C 找书包

여: 실례합니다. 책가방 하나 못 보셨나요?
남: 무슨 색입니까?
여: 파란색이요. 안에는 전자사전과 돈도 조금 있습니다.
남: 죄송합니다. 못 봤습니다.

질문: 여자는 무엇을 하고 있는가?

A 책을 찾고 있다
B 지갑을 찾고 있다
C 책가방을 찾고 있다

공략 여자의 첫 번째 말만 듣고도 여자의 행동을 알 수 있다. 핵심 문장인 '请问，你看见过一个书包?'를 통해서 여자는 지금 자신의 책가방을 찾고 있음을 알 수 있다.

어휘 ★书包 shūbāo 명 책가방 | ★颜色 yánsè 명 색, 색깔 | 蓝色 lánsè 명 파란색 | 电子词典 diànzǐ cídiǎn 명 전자사전 | 钱 qián 명 돈

11 day 이건 어때? 저건 어때? 대상을 평가하라

11-7 본책_ 89쪽

정답 1. A 2. B 3. A 4. A 5. C 6. C 7. B 8. A

1 난이도 中 공략 Key 热闹의 의미 이해

男：这个百货商店里的人真多啊。
女：是，每天都这么热闹。
男：我不喜欢人多的地方。我们买完东西就回去吧。
女：好的，差不多都买完了。

问：这个百货商店怎么样？

Ⓐ 人很多
B 非常大
C 很安静

남: 이 백화점에 사람이 정말 많네요.
여: 맞아요. 매일 이렇게 붐벼요.
남: 저는 사람이 많은 곳을 좋아하지 않아요. 우리 물건을 사고 바로 돌아가요.
여: 네. 거의 다 샀어요.

질문: 이 백화점은 어떠한가?

Ⓐ 사람이 매우 많다
B 매우 크다
C 매우 조용하다

공략 이 백화점에 사람이 정말 많다는 남자의 말에 여자는 매일 이렇게 붐빈다고 말하고 있다. 남녀의 대화를 통해서 이 백화점은 사람이 매우 많음을 알 수 있으므로 A가 정답이다.

어휘 百货商店 bǎihuòshāngdiàn 명 백화점 | 多 duō 형 (수량이) 많다 | 这么 zhème 대 이렇게 | ★热闹 rènao 형 떠들썩하다, 시끌벅적하다 | 地方 dìfang 명 장소, 곳 | 差不多 chàbuduō 부 거의, 대체로 | ★安静 ānjìng 형 조용하다

2 난이도 上 공략 Key 主要의 의미 및 용법 이해

女：我发现，你现在很爱看新闻。
男：我其实对新闻没兴趣。
女：是吗？那你为什么看呢？
男：主要是想提高我的普通话水平。

问：男的觉得自己的普通话怎么样？

A 非常好
Ⓑ 需要提高
C 不需要提高

여: 내가 보기에 너는 뉴스 보는 것을 좋아하는 것 같아.
남: 나는 사실 뉴스에 흥미가 없어.
여: 그래? 그럼 왜 보는 거야?
남: 주로 내 표준어 수준을 향상시키고 싶어서 그래.

질문: 남자가 생각하기에 자신의 표준어는 어떠한가?

A 매우 훌륭하다
Ⓑ 향상시켜야 한다
C 향상시킬 필요가 없다

공략 '对……没兴趣'는 '~에 흥미가 없다'라는 의미이다. 뉴스를 왜 보냐는 여자의 물음에 남자는 '主要是想提高我的普通话水平'이라고 대답하고 있다. 남자의 말을 통해 B가 정답임을 알 수 있다. 핵심 문장 중 '주로'라는 의미를 나타내는 형용사 主要는 결정적인 작용을 하거나, 관련된 것 중에서 가장 중요한 것을 이끌 때 쓰인다.

어휘 ★发现 fāxiàn 동 발견하다, 알아차리다 | 爱 ài 동 좋아하다 | 新闻 xīnwén 명 뉴스 | ★其实 qíshí 부 사실 | ★兴趣 xìngqù 명 흥미 | ★主要 zhǔyào 부 주로 | ★提高 tígāo 동 향상시키다 | 普通话 pǔtōnghuà 명 현대 중국 표준어 | 水平 shuǐpíng 명 수준

난이도 中 공략 Key 好看의 다양한 의미 이해

3

男：昨天借给你的那本书看了吗？
女：看了。
男：怎么样？有意思吗？
女：不怎么样，我觉得没有意思。

问：女的觉得那本书怎么样？

Ⓐ 不好看
B 很有名
C 很有意思

남: 어제 너한테 빌려준 그 책은 봤니?
여: 봤어.
남: 어때? 재미있어?
여: 별로던데. 내가 보기엔 별로 재미없었어.

질문: 여자가 생각하기에 그 책은 어떠한가?

Ⓐ 재미없다
B 매우 유명하다
C 매우 재미있다

공략 어제 빌려준 그 책을 봤냐는 남자의 물음에 여자는 '我觉得没有意思'라고 말하고 있다. 따라서 A가 정답이다. 여기에서 好看은 '보기 좋다, 예쁘다, 재미있다'라는 다양한 의미를 가지고 있다.

어휘 借 jiè 동 빌리다 | ★不怎么样 bù zěnmeyàng 그저 그렇다, 그다지 좋지 않다 | 觉得 juéde 동 ~라고 느끼다 | ★有名 yǒumíng 형 유명하다

난이도 下 공략 Key 직접적으로 언급한 핵심 문장 파악

4

女：这条裤子真好看，在哪儿买的？
男：我从楼下商店买的。
女：应该很贵吧。
男：现在打折，你也去看一下吧。

问：女的觉得那条裤子怎么样？

Ⓐ 很好看　B 一般　C 很贵

여: 이 바지 정말 예쁘다. 어디에서 샀어?
남: 아래층 상점에서 샀어.
여: 굉장히 비싸지?
남: 지금 세일하고 있어. 너도 가서 봐봐.

질문: 여자가 생각하기에 그 바지는 어떠한가?

Ⓐ 매우 예쁘다　B 보통이다　C 매우 비싸다

공략 이 문제는 직접적으로 이 바지가 어떤지에 대해서 언급하고 있다. 여자의 '这条裤子真好看'이라는 말을 통해 A가 정답임을 알 수 있다.

어휘 ★条 tiáo 양 개, 벌(치마·바지 등을 세는 단위) | 裤子 kùzi 명 바지 | 从 cóng 개 ~부터 | 楼下 lóuxià 명 아래층 | 商店 shāngdiàn 명 상점 | 应该 yīnggāi 조동 반드시 ~할 것이다 | 打折 dǎzhé 동 할인하다

난이도 中 공략 Key 직접적으로 언급한 핵심 문장 파악

5

男：姐姐，这就是你新买的手机？
女：是啊，才用了两个月就坏了。
男：我不是说过吗？不要买便宜的东西。
女：周末我再买一个。

问：女的的手机怎么样？

A 很好看　B 非常贵　Ⓒ 坏了

남: 누나, 이게 바로 새로 산 휴대 전화야?
여: 그래. 겨우 두 달 사용했는데 고장이 났어.
남: 내가 말했잖아? 싼 물건 사지 말라고.
여: 주말에 다시 하나 사려고.

질문: 여자의 휴대 전화는 어떠한가?

A 아주 예쁘다　B 매우 비싸다　Ⓒ 고장이 났다

공략 여자의 '才用了两个月就坏了'라는 말을 통해 C가 정답임을 알 수 있다. 남자의 '不要买便宜的东西'라는 말을 통해 여자가 저렴한 휴대 전화를 샀음을 알 수 있으므로 B는 정답이 될 수 없으며, 휴대 전화의 디자인이 어떤지는 언급하지 않았으므로 A 역시 정답이 될 수 없다.

어휘 姐姐 jiějie 명 언니, 누나 | 手机 shǒujī 명 휴대 전화 | 才 cái 부 겨우, 고작 | 用 yòng 동 쓰다, 사용하다 | 坏 huài 동 고장이 나다 | 便宜 piányi 형 (값이) 싸다 | 东西 dōngxi 명 물건 | 周末 zhōumò 명 주말

6 난이도 下 공략 Key 날씨 관련 핵심 어휘 파악

女：天快黑了，我要回去了。
男：好的。外面正在下雪，您路上小心。
女：没关系。明天见。
男：好的。再见。

问：现在天气怎么样？

A 天晴了　B 下雨了　**Ⓒ 下雪了**

여: 날이 곧 어두워지니 저는 가야겠습니다.
남: 네. 바깥에 눈이 내리고 있어요. 길 조심하세요.
여: 괜찮아요. 내일 봐요.
남: 네. 안녕히 가세요.

질문: 지금 날씨는 어떠한가?

A 날이 개었다　B 비가 내렸다　**Ⓒ 눈이 내렸다**

공략　지금 날씨가 어떤지 묻는 문제이다. 남자의 '外面正在下雪，您路上小心'이라는 말을 통해 지금 바깥에 눈이 내리고 있음을 알 수 있으므로 C가 정답이다.

어휘　黑 hēi 형 어둡다 | ★下雪 xiàxuě 동 눈이 내리다 | 路上 lùshang 명 길 가는 중 | 小心 xiǎoxīn 동 조심하다 | ★晴 qíng 형 맑다

7 난이도 中 공략 Key '太……了' 의미 이해

男：妈，你觉得热，就把大衣脱了吧。我给您挂起来。
女：好的，房间里太热了。
男：那我就去把暖气关了。
女：好的，房间里太热也不太好。

问：女的觉得房间里怎么样？

A 很冷
Ⓑ 非常热
C 不冷不热

남: 엄마, 더우시면 외투를 벗으세요. 제가 걸어드릴게요.
여: 그래. 집이 너무 덥구나.
남: 그럼 가서 난방기를 끌게요.
여: 그래. 방이 너무 더워도 별로 안 좋단다.

질문: 여자가 생각하기에 방은 어떠한가?

A 너무 춥다
Ⓑ 매우 덥다
C 춥지도 덥지도 않다

공략　더우면 외투를 벗으라는 남자의 말에 여자는 직접적으로 '房间里太热了'라고 말하고 있다. 여기서 '太……了'는 어떤 기준이나 한도를 넘어 정도가 매우 지나친 것을 나타내며 긍정형과 부정형에 모두 쓸 수 있다.

어휘　★热 rè 형 덥다 | 大衣 dàyī 명 외투 | 脱 tuō 동 (몸에서) 벗다 | 挂 guà 동 (고리·못 따위에) 걸다 | ★房间 fángjiān 명 방 | 暖气 nuǎnqì 명 난방기 | 关 guān 동 닫다, 끄다

8 난이도 中 공략 Key 대체할 수 있는 핵심 어휘 파악

女：你把我的那本书放哪儿了？
男：在沙发上吧。
女：我要去还书，今天是最后一天，今天必须还。
男：你去还吧，那本书我也没看懂。

问：男的觉得那本书怎么样？

Ⓐ 看不懂
B 比较有意思
C 没有意思

여: 너는 그 책을 어디에 두었니?
남: 소파 위에 있어.
여: 나 책 반납해야 해. 오늘이 마지막 날이어서 반드시 반납해야 하거든.
남: 반납해. 그 책은 내가 봐도 이해가 안 돼.

질문: 남자가 생각하기에 그 책은 어떠한가?

Ⓐ 이해가 되지 않는다
B 비교적 재미있다
C 재미없다

공략　오늘이 마지막 날이어서 책을 반드시 반납해야 한다는 여자의 말에 남자는 '你去还吧，那本书我也没看懂'이라고 말하

고 있다. 따라서 '没看懂'과 같은 의미를 나타내는 '看不懂'이 정답이 된다.

어휘 放 fàng 동 놓다 | 沙发 shāfā 명 소파 | ★还 huán 동 돌려주다 | 最后 zuìhòu 명 제일 마지막 | ★必须 bìxū 부 반드시 ~해야 한다 | ★比较 bǐjiào 부 비교적 | ★有意思 yǒuyìsi 재미있다

12 day 정확한 의미 파악이 최우선이다

12-7 본책_ 95쪽

정답 1. A 2. B 3. C 4. B 5. B 6. A 7. C 8. B

1

난이도 下 공략 Key 이유 및 원인을 나타내는 因为

男：你去过的地方真不少啊，真羡慕！
女：那是因为我经常去外地出差。
男：那你都尝过每个地方的特色菜吧？
女：差不多都吃过了，下次我带你去。

问：关于女的，可以知道什么？

Ⓐ 经常去出差
B 喜欢吃东西
C 喜欢旅游

남: 너는 가본 곳이 정말 많구나. 진짜 부러워!
여: 그건 내가 자주 외지로 출장을 가서 그래.
남: 그럼 너는 모든 지역의 특색 음식을 다 먹어봤니?
여: 거의 다 먹어봤어. 다음 번에 내가 너를 데리고 갈게.

질문: 여자에 관해 알 수 있는 것은 무엇인가?

Ⓐ 자주 출장을 간다
B 먹는 것을 좋아한다
C 여행을 좋아한다

공략 가본 곳이 정말 많아서 부럽다는 남자의 말에 여자는 '那是因为我经常去外地出差'라고 말하고 있다. 여자의 말을 통해 A가 정답임을 알 수 있다.

어휘 地方 dìfang 명 장소, 곳 | 不少 bùshǎo 형 적지 않다 | ★羡慕 xiànmù 동 부러워하다 | ★因为 yīnwèi 접 ~때문에 | ★经常 jīngcháng 부 언제나, 늘 | 外地 wàidì 명 외지 | 出差 chūchāi 동 출장을 가다 | 尝 cháng 동 맛보다 | 特色菜 tèsècài 명 특색 음식 | ★差不多 chàbuduō 부 거의, 대체로 | 下次 xiàcì 명 다음 번

2

난이도 中 공략 Key 전반적인 이해를 통한 의미 파악

女：您妻子最近工作吗？
男：生了孩子以后，这段时间她在家里休息。
女：如果她愿意，我给她介绍一份工作。
男：谢谢你！我回去就跟她商量商量。

问：关于他妻子，可以知道什么？

A 不想工作
Ⓑ 最近没工作
C 找到工作了

여: 네 아내는 요즘 일을 하니?
남: 아이를 낳은 후, 요즘 집에서 쉬고 있어.
여: 만약 그녀가 원한다면, 내가 일자리를 소개시켜 줄게.
남: 고마워. 내가 돌아가서 아내랑 상의해볼게.

질문: 그의 아내에 관해 알 수 있는 것은?

A 일하고 싶지 않다
Ⓑ 요즘 일을 하지 않는다
C 일자리를 찾았다

공략 아내가 요즘 일을 하냐는 여자의 물음에 남자는 '这段时间她在家里休息'라고 말하고 있다. 남자의 말을 통해 여자는 요즘 일을 하지 않고 있음을 알 수 있다.

어휘 ★妻子 qīzi 명 아내 | 最近 zuìjìn 명 최근, 요즘 | 工作 gōngzuò 동 일하다 | ★生孩子 shēng háizi 아이를 낳다 | ★段 duàn 양 얼마간, 기간 | 休息 xiūxi 동 쉬다 | ★如果 rúguǒ 접 만약, 만일 | ★愿意 yuànyì 동 바라다, 희망하다 | 介绍 jièshào 동 소개하다 | ★商量 shāngliang 동 상의하다

3

난이도 中 공략 Key 전반적인 이해를 통한 의미 파악

男：小张，那本书怎么样？
女：很有意思。我还没看完，周末还你可以吗？
男：没问题。我这儿还有几本，想看就借给你。
女：好的。谢谢你。

问：关于女的，可以知道什么？

A 正在打电话
B 不喜欢看书
C 打算周末还书

남: 샤오장, 그 책은 어때?
여: 아주 재미있어. 내가 아직 다 못 봤는데, 주말에 돌려줘도 괜찮니?
남: 괜찮아. 나는 몇 권의 책을 더 가지고 있어. 보고 싶으면 빌려줄게.
여: 좋아. 고마워.

질문: 여자에 관해 알 수 있는 것은?

A 전화를 하고 있다
B 독서를 좋아하지 않는다
C 주말에 책을 돌려주려고 한다

공략 그 책이 어떠냐는 남자의 물음에 여자는 '很有意思。我还没看完，周末还你可以吗?'라고 말하고 있다. 여자의 말을 통해 C가 정답임을 알 수 있다.

어휘 本 běn 양 권(책을 세는 단위) | 有意思 yǒuyìsi 재미있다 | 周末 zhōumò 명 주말 | ★还 huán 동 돌려주다 | ★借 jiè 동 빌려주다

4

난이도 中 공략 Key 추측을 나타내는 可能

女：今天你穿哪条裤子？
男：黑色的。今天公司事情多，我可能要晚一点儿回来。
女：知道了。下大雨了，路上注意安全。
男：别为我担心了，我会慢慢开的。

问：关于男的，可以知道什么？

A 今天不上班
B 今天事情多
C 要穿灰色的

여: 오늘 어떤 바지를 입을 거예요?
남: 검은색요. 오늘 회사에 일이 많아요. 오늘 아마도 좀 늦을 것 같아요.
여: 알았어요. 비가 많이 내리니 길에서 안전 조심하세요.
남: 제 걱정은 마세요. 제가 천천히 운전할게요.

질문: 남자에 관해 알 수 있는 것은?

A 오늘 출근하지 않는다
B 오늘 일이 많다
C 회색 바지를 입으려고 한다

공략 남자의 '今天公司事情多，我可能要晚一点儿回来'라는 말을 통해 B가 정답임을 알 수 있다.

어휘 穿 chuān 동 (옷·신발·양말 등을) 입다, 신다 | ★条 tiáo 양 개, 벌(치마·바지 등을 세는 단위) | 裤子 kùzi 명 바지 | 黑色 hēisè 명 검은색 | ★事情 shìqing 명 일, 사건 | 晚 wǎn 형 늦다 | ★别 bié 부 ~하지 마라 | ★为 wèi 개 ~때문에 | 担心 dānxīn 동 걱정하다

5 난이도 下 공략 Key 호칭을 통한 의미 파악

男：你怎么还不回家？要加班？
女：我还没写完报告，写完就走。
男：那我先走了，一会儿你离开的时候记得关电脑。
女：好的，经理，周末愉快。

问：关于男的，可以知道什么？

A 要加班
B 是经理
C 在写报告

남: 당신은 왜 아직 집에 가지 않나요? 야근해야 하나요?
여: 제가 아직 보고서를 쓰지 못해서요. 다 쓰고 가겠습니다.
남: 그럼 나 먼저 갈게요. 이따 퇴근할 때 컴퓨터 끄고 가세요.
여: 네. 사장님, 주말 잘 보내세요.

질문: 남자에 관해 알 수 있는 것은?

A 야근해야 한다
B 사장이다
C 보고서를 쓰고 있다

공략 여자의 '经理，周末愉快'를 통해서 남자가 사장임을 알 수 있다. A와 C는 모두 여자와 관련된 내용이므로 정답이 될 수 없다.

어휘 怎么 zěnme 대 어떻게, 어째서 | ★加班 jiābān 동 야근하다 | ★报告 bàogào 명 보고서 | 离开 líkāi 동 떠나다 | 记得 jìde 동 기억하고 있다 | 关 guān 동 닫다, 끄다 | 电脑 diànnǎo 명 컴퓨터 | ★经理 jīnglǐ 명 사장 | 周末 zhōumò 명 주말 | 愉快 yúkuài 형 기쁘다, 즐겁다

6 난이도 上 공략 Key 活动의 의미 이해

女：今天怎么这么热闹？
男：今天超市搞"买一送一"的活动。
女：是吗？那我们去看看吧。
男：还是别去了，人特别多，得排队。

问：关于超市，可以知道什么？

A 搞活动
B 人不太多
C 不太热闹

여: 오늘 어쩜 이렇게 떠들썩해요?
남: 오늘 마트에서 '1+1' 행사를 해요.
여: 그래요? 그럼 우리도 가서 좀 봐요.
남: 안 가는 게 좋겠어요. 사람이 너무 많아서 줄을 서야 해요.

질문: 마트에 관해 알 수 있는 것은?

A 행사를 한다
B 사람이 그다지 많지 않다
C 그다지 떠들썩하지 않다

공략 오늘 어쩜 이렇게 떠들썩하냐는 여자의 물음에 남자는 '今天超市搞"买一送一"的活动'이라고 말하고 있다. 남자의 말을 통해 A가 정답임을 알 수 있다. '怎么这么热闹'라고 했으므로 C는 정답에서 제외되며, '人特别多'를 통해서 B 역시 정답과 거리가 멀다는 것을 알 수 있다.

어휘 ★热闹 rènao 형 떠들썩하다, 시끌벅적하다 | 超市 chāoshì 명 슈퍼마켓 | 买一送一 mǎi yī sòng yī 하나를 사면 하나를 더 준다 | ★活动 huódòng 명 행사 | ★特别 tèbié 부 특히, 더욱 | 排队 páiduì 동 줄을 서다

7 난이도 上 공략 Key 影响의 의미 이해

男：你怎么突然开始学汉语？
女：我姐姐要决定去中国留学。是她影响了我。
男：那你也打算去中国留学吗？
女：还没决定。

남: 너는 왜 갑자기 중국어를 배우기 시작했어?
여: 우리 언니가 중국으로 유학을 가려고 하는데, 언니의 영향을 받았어.
남: 그럼 너도 중국으로 유학을 갈 계획이니?
여: 아직 결정하지 못했어.

问：女的主要是什么意思？ A 在中国留学 B 去中国留学 **Ⓒ 姐姐影响了她**	질문: 여자의 주된 의미는 무엇인가? A 중국에서 유학을 하고 있다 B 중국으로 유학을 간다 **Ⓒ 언니가 그녀에게 영향을 줬다**

공략 왜 갑자기 중국어를 시작했냐는 남자의 물음에 여자는 '我姐姐要决定去中国留学。是她影响了我'라고 말하고 있다. 여자의 말을 통해서 C가 정답임을 알 수 있다.

어휘 ★突然 tūrán 부 갑자기, 문득 | 开始 kāishǐ 동 착수하다, 시작하다 | 学 xué 동 배우다, 학습하다 | 决定 juédìng 동 결정하다 | 留学 liúxué 동 유학하다 | ★影响 yǐngxiǎng 동 영향을 주다 | ★打算 dǎsuan 동 ~하려고 하다, 계획하다

8 난이도 中 공략 Key 전반적인 이해를 통한 의미 파악

女：盘子里的饺子怎么没吃完啊，不好吃吗？ 男：我吃饱了，刚才吃了一块面包。 女：那晚上再吃吧。 男：好的，你把它放冰箱里。 问：男的是什么意思？ A 不爱吃饺子 **Ⓑ 吃饱了** C 明天再吃	여: 접시에 있는 만두를 왜 다 안 먹었니. 맛이 없니? 남: 배가 불러서요. 방금 빵 한 개를 먹었거든요. 여: 그럼 저녁에 먹으렴. 남: 네. 만두를 냉장고에 넣어두세요. 질문: 남자의 의미는 무엇인가? A 만두를 좋아하지 않는다 **Ⓑ 배가 부르다** C 내일 다시 먹겠다

공략 접시에 있는 만두를 왜 다 안 먹었냐는 여자의 물음에 남자는 '我吃饱了'라고 대답하고 있으므로 B가 정답이다. 여자는 그럼 저녁에 다시 먹으라고 말하고 있으므로 C는 정답과 거리가 멀며, A는 녹음 내용을 통해 알 수 없으므로 정답이 될 수 없다.

어휘 盘子 pánzi 명 쟁반 | 饺子 jiǎozi 명 만두 | 好吃 hǎochī 형 맛있다 | ★吃饱 chībǎo 동 배불리 먹다 | 刚才 gāngcái 명 방금 | 面包 miànbāo 명 빵 | 放 fàng 동 넣다 | 冰箱 bīngxiāng 명 냉장고

13 day 문장의 끝을 살펴라

본책_ 105쪽

정답 1. C 2. E 3. A 4. D 5. B

A 不太远，我骑自行车半个小时就到了。
B 我明天早上的飞机，今天中午有时间见个面吗？
C 他今天有点事，我叫了辆出租车，几分钟后就到楼下。
D 我中午买了两箱苹果，你开车来接我吧。
E 不是，我是南方人，但我在北京工作过。

A 그다지 멀지 않아. 내가 자전거 타고 가면, 30분이면 도착해.
B 나는 내일 아침 비행기야, 오늘 점심에 시간 있으면 만날까?
C 그는 오늘 일이 있어서 제가 택시를 불렀어요. 몇 분 후면 아래층에 도착해요.
D 제가 점심에 사과 두 상자를 샀으니, 당신이 운전해서 저를 좀 데리러 와주세요.
E 아니에요. 저는 남방 사람이에요. 하지만 베이징에서 일한 적이 있어요.

어휘 骑 qí 동 타다 | 飞机 fēijī 명 비행기 | 见面 jiànmiàn 동 만나다 | ★叫 jiào 동 부르다, 불러 오다 | ★辆 liàng 양 대(차량을 세는 단위) | 楼下 lóuxià 명 아래층 | 箱 xiāng 명 상자 | ★接 jiē 동 맞이하다, 마중하다 | 工作 gōngzuò 동 일하다

1

난이도 上 공략 Key 구체적인 위치를 묻는 呢

A: 您没去火车站？您的司机呢？
B: **Ⓒ 他今天有点事，我叫了辆出租车，几分钟后就到楼下。**

A: 당신은 기차역에 안 갔나요? 당신 기사는요?
B: **Ⓒ 그는 오늘 일이 있어서 제가 택시를 불렀어요. 몇 분 후면 아래층에 도착해요.**

공략 어기조사 呢는 다양한 용법이 있지만 여기에서는 운전 기사가 구체적으로 어디에 갔는지 구체적인 위치를 묻는데 사용되고 있다. 따라서 그는 오늘 일이 있어서 택시를 불렀다는 C가 정답으로 적절하다.

어휘 火车站 huǒchēzhàn 명 기차역 | ★司机 sījī 명 기사, 운전사

2

난이도 下 공략 Key 어기조사 吗에 대한 대답

A: 你的普通话说得真好，你是北京人吗？
B: **Ⓔ 不是，我是南方人，但我在北京工作过。**

A: 당신은 표준어를 굉장히 잘하는데 베이징 사람입니까?
B: **Ⓔ 아니에요. 저는 남방 사람이에요. 하지만 베이징에서 일한 적이 있어요.**

공략 문제에서 어기조사 吗를 사용하여 상대방이 베이징 사람인지 아닌지를 묻고 있으므로 베이징 사람인지 여부를 나타내는 대답을 선택해야 한다. 따라서 E가 정답이다.

어휘 普通话 pǔtōnghuà 명 현대 중국 표준어

3 난이도 中 공략 Key 추측을 나타내는 吧

A: 你住的地儿离这儿很远吧? B: **Ⓐ 不太远，我骑自行车半个小时就到了。**	A: 네가 사는 곳은 여기에서 아주 멀지? B: **Ⓐ 그다지 멀지 않아. 내가 자전거 타고 가면, 30분이면 도착해.**

공략 吧는 문장 맨 뒤에 놓여 추측 및 제안을 나타내는 어기조사이다. 문제에서 화자가 상대방의 주거지가 여기에서 멀다는 것을 추측하여 물어 보고 있으므로, 그다지 멀지 않다는 A가 정답으로 적절하다.

어휘 住 zhù 동 살다, 거주하다 | 地儿 dìr 명 자리, 장소 | ★离 lí 개 ~에서, ~로부터 | ★远 yuǎn 형 멀다

4 난이도 中 공략 Key 제안을 나타내는 吧

A: **Ⓓ 我中午买了两箱苹果，你开车来接我吧。** B: 好，等一会儿下班后我给你打电话。	A: **Ⓓ 제가 점심에 사과 두 상자를 샀으니, 당신이 운전해서 저를 좀 데리러 와주세요.** B: 알았어요. 조금 후 퇴근하고 내가 전화할게요.

공략 문제에서 화자가 어기조사 吧를 사용하여 상대방에게 운전해서 마중 나와달라는 제안에 대한 대답을 제시하고 있다. 그러므로 D가 정답으로 적절하다.

어휘 等 děng 동 기다리다 | ★下班 xiàbān 동 퇴근하다

5 난이도 中 공략 Key 어기조사 吗에 대한 대답

A: **Ⓑ 我明天早上的飞机，今天中午有时间见个面吗?** B: 好的，那我们在哪儿见呢?	A: **Ⓑ 나는 내일 아침 비행기야. 오늘 점심에 시간 있으면 만날까?** B: 좋아. 그럼 우리 어디에서 만날까?

공략 '好的'를 통해서 B는 A의 질문에 대한 대답임을 알 수 있다. 그러므로 어기조사 吗를 사용하여 오늘 점심에 만날 시간이 있는지를 묻는 B가 정답으로 적절하다.

어휘 哪儿 nǎr 대 어디 | 见 jiàn 동 마주치다, 만나다

14 day 대사가 지칭하는 구체적 의미를 캐치하라

본책_ 113쪽

정답 1. C 2. A 3. E 4. B 5. D

A 下面为大家唱歌的是王先生，歌的名字是《十五的月光》。 B 怎么办啊? 我又胖了两公斤。 C 奶奶喜欢那个新买的照相机吗? D 是我妈教我，可爱吧?	A 다음은 모두를 위해 노래를 불러주실 왕 선생님이십니다. 노래 제목은 「15일의 월광」입니다. B 어쩌면 좋지? 나는 또 2킬로그램이 쪘어. C 할머니께서 새로 산 그 카메라를 좋아하시니? D 우리 엄마가 가르쳐주셨어. 귀엽지?

E 昨晚睡得特别晚，今天起晚了，对不起。	E 어제저녁에 아주 늦게 자서 오늘 늦게 일어났어요. 죄송해요.

어휘 唱歌 chànggē 동 노래 부르다 | 名字 míngzi 명 이름 | ★胖 pàng 형 뚱뚱하다 | 公斤 gōngjīn 양 킬로그램 | 照相机 zhàoxiàngjī 명 사진기, 카메라 | 教 jiāo 동 가르치다

1 난이도 中 공략 Key 인칭대사가 구체적으로 나타내는 대상 파악

A: **Ⓒ 奶奶喜欢那个新买的照相机吗?** B: 喜欢，她说很好用，她很满意。	A: **Ⓒ 할머니께서는 새로 산 그 카메라를 좋아하시니?** B: 좋아해요. 성능이 좋다며 아주 만족하세요.

공략 문제에서 인칭대사 她는 奶奶를 가리키며, 할머니께서는 새로 산 카메라에 대해 만족하므로 정답은 C이다.

어휘 ★好用 hǎoyòng 형 성능이 좋다 | ★满意 mǎnyì 형 만족하다, 만족스럽다

2 난이도 上 공략 Key 의문대사 什么

A: 下一个节目是什么? B: **Ⓐ 下面为大家唱歌的是王先生，歌的名字是《十五的月光》。**	A: 다음 프로그램은 무엇입니까? B: **Ⓐ 다음은 모두를 위해 노래를 불러주실 왕 선생님이십니다. 노래 제목은 「15일의 월광」입니다.**

공략 什么는 '무엇'이란 의미의 의문대사이다. 다음 프로그램이 구체적으로 무엇인지를 나타내는 대답을 골라야 하므로 정답은 A가 된다.

어휘 节目 jiémù 명 프로그램

3 난이도 下 공략 Key 의문대사 怎么

A: 九点上课，你怎么现在才来? B: **Ⓔ 昨晚睡得特别晚，今天起晚了，对不起。**	A: 9시 수업인데, 너는 어째서 지금에서야 오니? B: **Ⓔ 어제저녁에 아주 늦게 자서 오늘 늦게 일어났어요. 죄송해요.**

공략 怎么는 이유 및 원인을 묻는 의문대사이므로, 지금에서야 온 이유를 설명하고 있는 내용을 보기 중에서 골라야 한다. 따라서 어제 늦게 자서 오늘 늦게 일어났다는 E가 정답이다.

어휘 上课 shàngkè 동 수업하다, 강의하다 | ★才 cái 부 이제야, 이제 겨우

4 난이도 上 공략 Key 지시대사 这样이 나타내는 의미 파악

A: **Ⓑ 怎么办啊? 我又胖了两公斤。** B: 没关系，我觉得你这样更可爱。	A: **Ⓑ 어쩌면 좋지? 나는 또 2킬로그램이 쪘어.** B: 괜찮아요. 제가 보기에 당신은 살찐 게 더 귀여워요.

공략 B는 A의 이런 모습이 더 귀엽다고 했으므로 보기를 통해 这样이 구체적으로 어떤 모습인지 찾아야 한다. '또 2킬로그램이 쪄서 어쩌면 좋냐'는 문장을 통해 这样의 모습을 유추할 수 있으므로 정답은 B다.

어휘 觉得 juéde 동 ~라고 여기다 | ★更 gèng 부 더욱, 더

5 난이도 下 공략 Key 의문대사 谁

A: 这小狗是你画的吗? 是谁教你的啊? B: **Ⓓ 是我妈教我，可爱吧?**	A: 이 강아지를 네가 그렸니? 누가 네게 가르쳐줬어? B: **Ⓓ 우리 엄마가 가르쳐주셨어, 귀엽지?**

공략 의문대사 谁를 통해 그림을 가르쳐 준 사람이 '누구'인지 보기 중에서 골라야 하므로 정답은 D가 된다.

어휘 狗 gǒu 명 개 | ★画 huà 동 그리다

15 day 자주 출현하는 표현을 휘어잡아라

본책_ 121쪽

정답 1. D 2. A 3. E 4. B 5. C

A 对不起，来机场的路上发现没带护照。 B 同意，去年我就跟你说应该换一个新的了。 C 喂，你们上飞机了吗？ D 不用了，谢谢，我坐地铁很方便。 E 冰箱里还有不少香蕉和葡萄呢。	A 미안해. 공항 오는 길에 여권을 가지고 오지 않았다는 것을 알았어. B 맞아. 작년에 내가 마땅히 새것으로 바꿔야 한다고 말했잖아. C 여보세요. 너희들은 비행기 탔니? D 괜찮아요. 감사합니다. 저는 지하철 타는 게 편해요. E 냉장고에 바나나하고 포도가 많이 있어.

어휘 护照 hùzhào 명 여권 | ★同意 tóngyì 동 동의하다, 찬성하다 | ★换 huàn 동 바꾸다 | 飞机 fēijī 명 비행기 | 地铁 dìtiě 명 지하철 | ★方便 fāngbiàn 형 편리하다 | 冰箱 bīngxiāng 명 냉장고

1

난이도 中 공략 Key 거절 관련 표현

A: 你要去哪儿？我让司机开车送你去吧。 B: **Ⓓ 不用了，谢谢，我坐地铁很方便。**	A: 당신은 어디에 갑니까? 제가 기사한테 차로 데려다 달라고 할게요. B: **Ⓓ 괜찮아요. 감사합니다. 저는 지하철 타는 게 편해요.**

공략 A는 B에게 기사한테 차로 데려다 달라고 하겠다고 제안하고 있으므로, 이 제안을 받아들이는지 여부를 나타내는 보기를 답으로 골라야 한다. 따라서 지하철을 타고 가는 것이 더 편하다는 D가 정답이 된다.

어휘 司机 sījī 명 기사, 운전사 | ★送 sòng 동 배웅하다, 데려다주다

2

난이도 中 공략 Key 사과 관련 표현

A: 你终于来了，都八点一刻了。 B: **Ⓐ 对不起，来机场的路上发现没带护照。**	A: 너는 마침내 왔구나. 벌써 8시 15분이야. B: **Ⓐ 미안해. 공항 오는 길에 여권을 가지고 오지 않았다는 것을 알았어.**

공략 终于는 '마침내'라는 의미의 부사로, 이 어휘를 통해 상대방이 늦게 왔음을 알 수 있다. 따라서 사과하는 내용을 보기 중에서 골라야 하므로 정답은 A가 된다.

어휘 ★终于 zhōngyú 부 마침내, 결국 | 都 dōu 부 이미, 벌써 | 刻 kè 양 15분

3

난이도 下 공략 Key 연관 핵심 어휘

A: 奶奶，家里是不是没有水果了？ B: Ⓔ **冰箱里还有不少香蕉和葡萄呢。**	A: 할머니, 집에 과일이 없죠? B: Ⓔ **냉장고에 바나나하고 포도가 많이 있어.**

공략 집에 과일이 있냐고 할머니께 물어보고 있으므로 과일 이름을 언급한 보기가 있는지 살펴보아야 한다. 따라서 냉장고에 바나나와 포도가 있다는 E가 정답으로 적절하다.

어휘 奶奶 nǎinai 명 할머니 | ★水果 shuǐguǒ 명 과일

4

난이도 中 공략 Key 동의 및 승낙 관련 표현

A: 这个洗衣机太旧了，我们买个新的吧。 B: Ⓑ **同意，去年我就跟你说应该换一个新的了。**	A: 이 세탁기는 너무 오래됐어. 우리 새것으로 사자. B: Ⓑ **맞아. 작년에 내가 마땅히 새것으로 바꿔야 한다고 말했잖아.**

공략 세탁기가 너무 오래 됐으니 새것으로 바꾸자고 제안하고 있다. 이 제안을 받아들이는지 여부를 나타내는 보기를 골라야 하므로 B가 정답으로 적절하다.

어휘 洗衣机 xǐyījī 명 세탁기 | ★旧 jiù 형 오래되다

5

난이도 下 공략 Key 연관 핵심 어휘

A: Ⓒ **喂，你们上飞机了吗？** B: 还没呢，机场这边儿下大雨，可能要晚一个小时。	A: Ⓒ **여보세요. 너희들은 비행기 탔니?** B: 아직이요. 공항 이쪽에 비가 많이 와서 아마도 한 시간 연착될 것 같아요.

공략 공항에 비가 많이 와서 한 시간 연착될 것 같다고 말하고 있으므로, 보기 중 공항과 관련된 연관 어휘가 있는지 살펴보아야 한다. '비행기를 타다'라는 '上飞机'를 통해서 C가 정답임을 알 수 있다.

어휘 机场 jīchǎng 명 공항 | ★可能 kěnéng 부 아마도, 아마

16 day 다양한 접근법을 활용하라

본책_ 131쪽

정답 1. F 2. A 3. E 4. C 5. B

[1-5]

A 祝 zhù 동 기원하다, 축복하다	B 久 jiǔ 형 오래다, 시간이 길다
C 需要 xūyào 동 필요하다	D 爱好 àihào 명 취미
E 一定 yídìng 부 반드시	F 附近 fùjìn 명 부근, 근처

1 난이도 中 공략 Key 문맥을 통한 의미 파악

A: 你看看（F 附近）有没有卖水果的地方?
B: 好像学校对面有一家超市，你去看看吧。

A: (F 근처)에 과일 파는 곳이 있는지 좀 봐봐.
B: 학교 맞은편에 슈퍼마켓이 하나 있어. 거기 가서 봐봐.

공략 A는 과일을 살 수 있는 장소를 찾고 있다. 따라서 '부근, 근처'라는 의미를 나타내는 附近이 정답으로 적절하다.

어휘 卖 mài 동 팔다 | 水果 shuǐguǒ 명 과일 | 地方 dìfang 명 장소 | ★好像 hǎoxiàng 부 마치 ~와 같다 | 对面 duìmiàn 명 맞은편 | 超市 chāoshì 명 슈퍼마켓

2 난이도 中 공략 Key '주어+동사+목적어' 구조

A: 快到新年了，我们（A 祝）您在新的一年身体健康、万事如意。
B: 谢谢您!

A: 곧 새해입니다. 우리는 당신이 새해에는 건강하고 모든 일이 뜻대로 이루어지기를 (A 기원합니다).
B: 감사합니다!

공략 빈칸은 주어(我们)와 목적어(您) 사이에 위치하므로 동사 자리이다. A는 B에게 새해 인사를 전하고 있으므로 빈칸은 '기원하다, 축원하다'라는 의미의 동사 祝가 와야 한다.

어휘 ★新年 xīnnián 명 신년, 새해 | 身体 shēntǐ 명 몸, 신체 | 健康 jiànkāng 형 건강하다 | ★万事如意 wànshì rúyì 성 모든 일이 뜻대로 이루어지다

3 난이도 上 공략 Key 문맥을 통한 의미 파악

A: 你明天一定要回去吗?
B: 不（E 一定）。我星期五才有考试，后天晚上回去也可以。

A: 너는 내일 반드시 돌아가야 하니?
B: (E 꼭 그렇지는) 않아. 나는 금요일에 시험이 있어서 모레 저녁에 가도 괜찮아.

공략 '你明天一定要回去吗?'라는 A의 질문에 B는 금요일에 시험이 있어서 모레 저녁에 가도 괜찮다고 말하고 있다. 따라서 내일 꼭 가야 하는 것은 아니므로 빈칸은 '반드시'라는 의미의 부사 一定이 와야 한다.

어휘 ★要 yào 조동 ~해야 한다 | 星期五 xīngqīwǔ 명 금요일 | ★考试 kǎoshì 명 시험 | 后天 hòutiān 명 모레

4 난이도 中 공략 Key 문맥을 통한 의미 파악

A: 从这儿到机场要多长时间?
B: 坐出租汽车（C 需要）半个小时吧。

A: 여기부터 공항까지 얼마나 걸립니까?
B: 택시 타고 가면 30분 정도 (C 걸립니다).

공략 A는 공항까지 소요되는 시간을 묻고 있다. 따라서 빈칸은 '필요하다'라는 의미의 동사 需要가 와야 적절하다.

어휘 机场 jīchǎng 명 공항 | 时间 shíjiān 명 시간 | 坐 zuò 동 타다 | 出租汽车 chūzū qìchē 명 택시

5 난이도 中 공략 Key '这么+형용사' 구조

A：姐，你怎么去了这么（B 久）? B：银行里的人太多了。	A: 언니, 왜 이렇게 (B 오랫동안) 다녀왔어? B: 은행에 사람이 너무 많아.

공략 은행에 사람이 너무 많았다는 B의 대답을 통해 오랫동안 은행에 있었음을 알 수 있다. 따라서 B가 정답으로 적절하다. 여기에서 这么는 형용사를 강조하는 역할을 하므로 빈칸은 형용사 자리가 된다.

어휘 ★怎么 zěnme 대 어째서, 왜 | ★这么 zhème 대 이렇게 | 银行 yínháng 명 은행 | ★太 tài 부 대단히, 매우

독해 제2부분

17 day 구조조사 的와 양사의 단짝 친구 – 명사

본책_ 139쪽

정답 1. F 2. A 3. B 4. D 5. C

[1-5]

A 山 shān 명 산	B 历史 lìshǐ 명 역사
C 习惯 xíguàn 명 버릇, 습관	D 要求 yāoqiú 명 요구
E 声音 shēngyīn 명 소리, 목소리	F 年轻人 niánqīngrén 명 젊은 사람, 젊은이

1 난이도 中 공략 Key '구조조사 的+명사' 구조

现在的（F 年轻人）结婚越来越晚了。	요즘의 (F 젊은이)들은 결혼을 점점 늦게 한다.

공략 구조조사 的는 명사를 수식하므로 빈칸에는 명사가 와야 한다. 결혼을 하는 대상은 사람이므로 정답은 年轻人이 된다.

어휘 现在 xiànzài 명 현재 | ★结婚 jiéhūn 동 결혼하다 | ★越来越 yuèláiyuè 점점 ~해진다 | 晚 wǎn 형 늦다

2 난이도 中 공략 Key '수사+양사+명사' 구조

地图上这儿有座（A 山），怎么没看见啊?	지도상에는 여기에 (A 산)이 있는데, 어째서 안 보이지?

공략 座는 양사로 비교적 크고 든든한 것이나 고정된 물체 '山(산), 大楼(건물), 桥(다리)' 등을 세는 단위이다. '수+양+명'의 원리에 의해 빈칸에는 명사 山이 와야 한다.

어휘 地图 dìtú 명 지도 | ★座 zuò 양 좌, 동, 채 | ★怎么 zěnme 대 어째서, 왜 | 看见 kànjiàn 동 보다, 보이다

3 난이도 上 공략 Key '개사+명사+동사+목적어' 구조

弟弟从小就对（B 历史）非常有兴趣。	남동생은 어려서부터 (B 역사)에 매우 흥미가 있었다.

공략 빈칸은 동작이나 행위의 대상을 나타내는 개사 对와 함께 개사구를 이루어 有兴趣를 수식하고 있으므로 명사 자리임을 알 수 있다. 제시된 어휘 중 남동생이 흥미를 가질 수 있는 대상으로 가장 적합한 명사는 历史이다.

어휘 ★从小 cóngxiǎo 부 어려서부터 | ★对 duì 개 ~에 대해서 | 兴趣 xìngqù 명 흥미

4 난이도 上 공략 Key 의미적으로 적합한 명사 파악

比赛(D 要求)不太复杂，10分钟，谁踢进的球最多，谁就是第一。	시합의 (D 요구)는 그다지 복잡하지 않다. 10분 동안 공을 가장 많이 넣은 사람이 일등을 하는 것이다.

공략 빈칸은 주어 자리이다. 일반적으로 명사나 대사가 주어 역할을 하지만, 앞에 명사 比赛와 함께 올 수 있는 것은 대사가 아닌 명사가 된다. 뒤 절에서 시합의 조건에 대해서 말하고 있으므로 정답은 要求가 된다.

어휘 ★比赛 bǐsài 명 경기, 시합 | ★复杂 fùzá 형 복잡하다 | 踢球 tīqiú 동 축구를 하다 | 第一 dì-yī 수 첫 번째, 맨 처음

5 난이도 中 공략 Key 의미적으로 적합한 명사 파악

有不懂的地方，就去问老师，这是一个比较好的学习(C 习惯)。	이해가 되지 않는 부분을 선생님께 물어보는 것은 비교적 좋은 공부 (C 습관)이다.

공략 '수사+양사+명사'의 원리에 의해 빈칸에 명사형 어휘가 와야 한다. 앞뒤 절을 통해 빈칸 앞의 명사 学习와 호응하는 어휘인 C가 정답으로 적절하다.

어휘 不懂 bùdǒng 동 알지 못하다, 이해하지 못하다 | 地方 dìfang 명 부분, 점 | 问 wèn 동 묻다, 질문하다 | ★比较 bǐjiào 부 비교적 | 学习 xuéxí 동 학습하다, 공부하다

18 day 내가 문장의 중심이다 - 동사

본책_ 147쪽

정답 1. F 2. B 3. A 4. E 5. C

[1-5]

A 检查 jiǎnchá 동 검사하다, 조사하다	B 教 jiāo 동 가르치다
C 结束 jiéshù 동 끝나다	D 爱好 àihào 동 애호하다
E 举行 jǔxíng 동 거행하다	F 还 huán 동 돌려주다

1 난이도 中 공략 Key '동사+동태조사 了' 구조

A: 那本小说你(F 还)了? B: 对，不太有意思，而且很多地方没看懂。	A: 그 소설책을 (F 돌려줬니)? B: 응, 별로 재미없어. 게다가 이해가 안 되는 부분이 너무 많았어.

공략 빈칸이 주어 뒤에 있다는 점과 동태조사 了를 통해 빈칸에 동사가 와야 함을 알 수 있다. A와 B는 '那本小说'에 대해 이야기하고 있으므로 빈칸에는 '돌려주다'라는 뜻의 동사 还이 와야 의미적으로 적절하다.

어휘 小说 xiǎoshuō 명 소설 | ★有意思 yǒuyìsi 재미있다 | 而且 érqiě 접 게다가, 뿐만 아니라 | 地方 dìfang 명 부분, 점

2 난이도 下 공략 Key '동사+목적어(대사)' 구조

A: 姐，这道数学题怎么做啊? B: 很简单，我(B 教)你。	A: 언니, 이 수학 문제는 어떻게 풀어? B: 아주 간단해. 내가 (B 가르쳐)줄게.

공략 빈칸은 你라는 대사를 목적어로 갖고 있기 때문에 동사가 와야 한다. A와 B의 대화를 통해 언니가 동생에게 수학 문제를 가르쳐주려고 하고 있으므로 빈칸은 '가르쳐주다'란 뜻의 동사 教가 와야 적절하다.

어휘 道 dào 양 명령이나 문제 등을 세는 단위 | 数学题 shùxué tí 수학 문제 | 简单 jiǎndān 형 간단하다

3 난이도 上 공략 Key '부사+동사+一下' 구조

A: 作业写完了要好好(A 检查)一下，注意别写错字。 B: 妈，您说了一百遍了。	A: 숙제를 다 했으면 잘 (A 검사)해봐. 틀린 글씨 없도록 주의하고. B: 엄마, 엄마가 여러 번 말씀하셨어요.

공략 빈칸 앞에는 '충분히, 잘'이라는 의미를 나타내는 부사 好好가 있으며, 빈칸 뒤에는 동사 뒤에 놓여 '좀 ~하다'란 의미를 나타내는 一下가 있으므로 빈칸에는 동사가 와야 한다. 의미적으로 틀린 글씨가 없도록 잘 검사하라는 것이므로 동사 检查가 정답이다.

어휘 作业 zuòyè 명 숙제, 과제 | ★好好 hǎohāo 부 충분히, 잘 | 一下 yíxià 양 좀 ~하다 | ★注意 zhùyì 동 주의하다, 조심하다 | 别 bié 부 ~하지 마라 | 错字 cuòzì 명 틀린 글자

4 난이도 上 공략 Key '개사+명사+동사' 구조

A: 你最近忙什么呢? B: 那个会议要在我们学校(E 举行)，所以我最近特别忙。	A: 당신은 요즘 무엇이 바쁜가요? B: 그 회의를 우리 학교에서 (E 개최해서) 제가 요즘 아주 바쁘네요.

공략 개사는 단독으로 쓰일 수 없기 때문에, '~에서'라는 의미를 나타내는 개사 在가 '我们学校'와 함께 개사구를 이루어 동사 술어를 수식해야 한다. 따라서 빈칸에는 동사가 와야 한다. 명사 会议는 동사 举行과 자주 함께 쓰이므로 정답은 E가 된다.

어휘 忙 máng 형 바쁘다 | 在 zài 개 ~에서 | 学校 xuéxiào 명 학교 | 所以 suǒyǐ 접 그래서 | ★特别 tèbié 부 특히, 더욱

5 난이도 上 공략 Key '조동사+동사' 구조

A: 会议九点半能(C 结束)吗? 外面有人找张经理。 B: 没问题，请稍等。	A: 회의가 9시 반에 (C 끝날) 수 있나요? 밖에서 누가 장 사장님을 찾으세요. B: 네, 조금만 기다려주세요.

공략 빈칸은 조동사 能의 수식을 받고 있으므로 동사가 와야 한다. A가 밖에서 누가 장 사장님을 찾는다며 회의가 언제 끝나는지 묻고 있으므로 정답은 C가 된다.

어휘 会议 huìyì 명 회의 | ★能 néng 조동 ~할 수 있다 | 找 zhǎo 동 찾다, 구하다 | 经理 jīnglǐ 명 사장 | 等 děng 동 기다리다

19 day 성질이나 상태를 이르는 말 - 형용사

본책_ 153쪽

정답 1. C 2. A 3. F 4. B 5. D

[1-5]

A 相同 xiāngtóng 형 서로 같다	B 精彩 jīngcǎi 형 뛰어나다, 훌륭하다
C 舒服 shūfu 형 편안하다	D 热情 rèqíng 형 친절하다
E 声音 shēngyīn 명 소리, 목소리	F 安静 ānjìng 형 조용하다

1 난이도 中 공략 Key '정도부사+부정부사+형용사' 구조

他个子很高，这张桌子太低，坐着很不（C 舒服）。	그는 키가 큰데 이 책상은 너무 낮아서, 앉아 있으면 매우 (C 불편하다).

공략 빈칸은 정도부사 很과 부정부사 不의 수식을 받고 있으므로 형용사가 와야 한다. 의미적으로 책상이 너무 낮아 불편한 것이므로 정답은 C가 된다.

어휘 个子 gèzi 명 (사람의) 키 | 张 zhāng 양 개(책상이나 탁자 등을 세는 단위) | 桌子 zhuōzi 명 탁자, 테이블 | 太 tài 부 대단히, 매우 | ★低 dī 형 (높이가) 낮다

2 난이도 上 공략 Key 주요 형용사 의미 파악

虽然这两个问题有不同的地方，但是解决的办法是（A 相同）的。	비록 이 두 문제는 다른 부분이 있지만, 그러나 해결 방법은 (A 똑같다).

공략 '虽然……但是……'는 전환을 나타내는 접속사이므로 빈칸은 앞 절의 不同과 상반되는 어휘가 와야 한다. 따라서 '서로 같다'란 의미를 나타내는 형용사 相同이 정답으로 적절하다.

어휘 ★虽然……但是…… suīrán……dànshì…… 비록 ~하지만 ~하다 | 问题 wèntí 명 문제 | ★不同 bùtóng 형 같지 않다, 다르다 | 地方 dìfang 명 부분, 점 | 解决 jiějué 동 해결하다, 풀다 | 办法 bànfǎ 명 방법, 수단

3 난이도 中 공략 Key 병렬 관계 접속사 '又……又……'

我们家附近的环境很不错，又（F 安静）又干净。	우리 집 주변 환경은 매우 좋습니다. (F 조용하고) 깨끗합니다.

공략 빈칸은 부사 又의 수식을 받고 있으므로 동사나 형용사 술어가 와야 한다. 빈칸 뒤에 제시된 부사 又 뒤에 '깨끗하다'라는 의미의 형용사 干净이 있으므로 빈칸은 형용사 자리이다. 의미적으로 집 주변이 조용하고 깨끗해서 좋은 것이므로 安静이 정답으로 적절하다.

어휘 附近 fùjìn 명 부근, 근처 | 环境 huánjìng 명 환경 | 不错 búcuò 형 좋다, 괜찮다 | ★干净 gānjìng 형 깨끗하다 | ★又……又…… yòu……yòu…… ~하기도 하고 ~하기도 하다

4 난이도 中 공략 Key '太+형용사+了' 구조

这部电影太（B 精彩）了，值得一看。	이 영화는 굉장히 (B 훌륭합니다). 한번 볼 만한 가치가 있습니다.

공략 빈칸은 정도부사 太의 수식을 받고 있으므로 상태동사나 형용사가 와야 한다. '영화, 공연, 시합'이 멋지거나 훌륭함을 나타내는 형용사 精彩가 정답으로 적절하다.

어휘 部 bù 양 부, 편(서적이나 영화 편수 등을 세는 단위) | 电影 diànyǐng 명 영화 | ★值得 zhídé 동 ~할 만하다

5

난이도 中 공략 Key '정도부사+형용사' 구조

这家饭馆的服务员都很（D 热情），所以很多人喜欢去那儿吃饭。	이 식당의 종업원은 모두（D 친절해서）많은 사람이 거기에 가서 식사하는 걸 좋아한다.

공략 빈칸은 정도부사 很의 수식을 받고 있으므로 상태동사 혹은 형용사가 와야 한다. 앞 절은 이 식당의 종업원에 대해 말하고 있으므로 '친절하다'라는 뜻의 형용사 热情이 정답으로 적절하다.

어휘 家 jiā 양 집·점포·공장 등을 세는 단위 | 饭馆 fànguǎn 명 식당 | ★服务员 fúwùyuán 명 종업원 | 喜欢 xǐhuan 동 좋아하다

20 day 내가 수식의 왕(王)이다 – 부사

본책_ 159쪽

정답 1. F　2. A　3. C　4. B　5. E

[1-5]

A 多么 duōme 부 얼마나	B 一直 yìzhí 부 늘, 줄곧
C 终于 zhōngyú 부 마침내	D 爱好 àihào 명 취미
E 才 cái 부 이제야	F 其实 qíshí 부 사실은

1

난이도 中 공략 Key 부사 其实의 의미 파악

A：你喜欢这种音乐节目？ B：（F 其实）我只想听听那些老歌。	A: 당신은 이런 음악 프로그램을 좋아하나요? B: （F 사실）저는 단지 이런 옛날 음악을 듣고 싶었어요.

공략 일부 부사들은 주어 앞에 놓여 문장 전체를 수식하기도 한다. 의미적으로 전환의 의미를 내포한 其实가 정답으로 적절하다.

어휘 音乐 yīnyuè 명 음악 | 节目 jiémù 명 프로그램 | ★只 zhǐ 부 단지, 다만 | 老 lǎo 형 오래 된, 옛부터의

2

난이도 上 공략 Key '多么+형용사+啊' 구조

A：这是一个（A 多么）好的机会啊！你必须去。 B：一共只有两个月？那好吧。	A: 이것은（A 얼마나）좋은 기회입니까! 당신은 반드시 가야 합니다. B: 다 합쳐서 단지 두 달인거죠? 그럼 좋습니다.

공략 빈칸은 형용사 好를 수식하고 있으므로 부사 자리임을 알 수 있다. 또한 문장 끝에 어기조사 啊와 함께 쓰이고 있으므로 정답은 A가 된다.

어휘 机会 jīhuì 명 기회 | ★必须 bìxū 부 반드시 ~해야 한다 | 一共 부 yígòng 모두, 전부

3 난이도 中 공략 Key '주어+부사+술어' 구조

A: 你(C 终于)回来了，肉买了吗? B: 医生不让你吃肉。我买了些果汁和蔬菜。	A: 당신 (C 마침내) 왔네요. 고기는 샀나요? B: 의사가 당신한테 고기 먹지 말라고 해서, 제가 과일 주스랑 채소 좀 사왔어요.

공략 빈칸이 주어 뒤 술어 앞에 있으므로 부사 자리임을 알 수 있다. 의미적으로 봤을 때 A는 B가 고기를 사오기를 기다리고 있었으므로 빈칸은 '마침내'라는 의미의 부사 终于가 와야 한다.

어휘 肉 ròu 명 고기 | 医生 yīshēng 명 의사 | ★让 ràng 동 ~하게 하다 | 果汁 guǒzhī 명 과일 주스 | ★蔬菜 shūcài 명 채소

4 난이도 中 공략 Key '일반부사+부정부사' 구조

A: 最近怎么(B 一直)没看见他? B: 他去外地出差了，可能下周才能回来。	A: 요즘 왜 (B 계속) 그가 보이지 않지? B: 그는 외지로 출장 갔어요. 아마도 다음 주나 되야 돌아올 거예요.

공략 빈칸과 부정부사 没는 술어 看见을 수식하고 있으므로 둘 다 문장에서 부사어 역할을 하고 있다. 또한 일반적으로 일반부사는 부정부사 앞에 위치하므로 빈칸이 부사 자리임을 재차 확인할 수 있다. 의미적으로 요즘 그가 계속 보이지 않는 것이므로 부사 一直가 정답으로 적절하다.

어휘 怎么 zěnme 대 왜, 어째서 | 外地 wàidì 명 외지 | 出差 chūchāi 동 출장을 가다 | 下周 xiàzhōu 명 다음 주 | 才 cái 부 이제야

5 난이도 中 공략 Key 시간부사 才

A: 我都等你一个小时了，你怎么现在(E 才)来? B: 对不起，路上特别堵车。	A: 내가 너를 한 시간 동안 기다렸는데 너는 왜 지금 (E 에서야) 온 거야? B: 미안해. 길에 차가 너무 많이 막혀.

공략 빈칸은 동사 来 앞에 있으므로 부사 자리임을 알 수 있다. 또한 의미적으로 봤을 때 B가 늦게 온 것이므로 시간의 늦음을 나타내는 부사 才가 정답으로 적절하다.

어휘 等 děng 동 기다리다 | ★怎么 zěnme 대 어째서, 왜 | 现在 xiànzài 명 지금, 현재 | ★特别 tèbié 부 특히, 더욱 | 堵车 dǔchē 동 교통이 꽉 막히다, 교통이 체증되다

21 day 함께 있어야 더욱 빛을 발한다 - 개사와 접속사

본책_ 167쪽

정답 1. F 2. B 3. E 4. A 5. C

[1-5]

A 除了 chúle 접 ~을 제외하고	B 被 bèi 개 ~에게 ~당하다
C 跟 gēn 개 ~와	D 爱好 àihào 명 취미
E 离 lí 개 ~에서	F 虽然 suīrán 접 비록 ~이지만

독해 제2부분

1

난이도 中 공략 Key 전환 관계 접속사

A: 他们（F 虽然）只学半年的汉语，但是已经学得很好了。
B: 看来他们平时很努力学习。

A: 그들은 (F 비록) 단지 6개월 동안 중국어를 배웠지만, 그러나 이미 중국어를 아주 잘한다.
B: 그들은 평소에 아주 열심히 공부한 것 같아.

공략 접속사 但是를 통해서 앞 절과 뒤 절이 전환 관계임을 알 수 있다. 但是와 호응되는 접속사로 虽然이 적절하다.

어휘 只 zhǐ 부 단지, 다만 | 汉语 Hànyǔ 명 중국어 | ★已经 yǐjing 부 이미, 벌써 | 看来 kànlái 동 보아하니 ~하다 | 平时 píngshí 명 평상시 | ★努力 nǔlì 동 노력하다, 힘쓰다

2

난이도 中 공략 Key 피동을 나타내는 개사

A: 你的车呢?
B: 刚（B 被）我哥哥开走了。

A: 네 차는?
B: 방금 형(B 이) 타고 갔을 거야.

공략 빈칸은 '我哥哥'와 개사구를 이루어 술어 '开走了'를 수식하고 있으므로 빈칸에는 개사가 와야 한다. 자동차가 '형에 의해 타고 나감을 당한 것'이므로 빈칸은 피동을 나타내는 개사 被가 와야 한다.

어휘 车 chē 명 자동차 | ★刚 gāng 부 방금, 막 | 开 kāi 동 운전하다

3

난이도 下 공략 Key 거리를 나타내는 개사

A: 大使馆（E 离）这儿有多远?
B: 坐公共汽车大概15分钟就到了。

A: 대사관은 여기(E 에서) 얼마나 먼가요?
B: 버스 타고 15분 정도면 도착해요.

공략 두 지점 간의 공간적인 거리를 나타내야 하므로 개사 离가 정답으로 적절하다.

어휘 大使馆 dàshǐguǎn 명 대사관 | ★远 yuǎn 형 (공간적·시간적으로) 멀다 | 公共汽车 gōnggòng qìchē 명 버스 | ★大概 dàgài 부 대개

4

난이도 上 공략 Key 주요 접속사 이해

A: 你都去过哪些地方?
B:（A 除了）上海，哪儿都没去过。

A: 당신은 어디를 가봤나요?
B: 상하이를 (A 제외하고) 어디에도 안 가봤어요.

공략 접속사 관련 문제는 서로 호응되는 어휘를 찾는 것이 관건이다. 하지만 뒤 절의 都와 함께 오는 접속사가 생각이 나지 않을 때는 의미적으로 접근해보자. '어디를 가봤냐'는 A의 질문에 '상하이를 ~하고, 어디에도 안 가봤다'라고 말하고 있다. 따라

서 빈칸은 '~을 제외하고'라는 의미를 나타내는 除了가 와야 한다.

어휘 地方 dìfang 명 장소, 곳 | ★哪儿 nǎr 대 어디

5 난이도 下 공략 Key 동작의 대상을 나타내는 개사

A: 明天我(C 跟)朋友一起去看电影，你去吗? B: 我也很想去，不过明天有事儿。	A: 내일 나는 친구(C 와) 함께 영화 보러 가는데, 너도 갈래? B: 나도 매우 가고 싶은데 내일 일이 있어.

공략 빈칸은 명사 朋友와 개사구를 이루어 술어 看电影을 수식하고 있으므로 개사 자리임을 알 수 있다. 따라서 동작의 대상인 朋友를 이끌 수 있는 개사 跟이 정답으로 적절하다.

어휘 一起 yìqǐ 부 같이, 함께 | 电影 diànyǐng 명 영화 | 想 xiǎng 조동 ~하고 싶다 | ★不过 búguò 접 그러나, 그런데

22 day 풀이 요령만 알면 만점 예감

본책_ 173쪽

정답 1. C 2. A 3. A 4. C 5. C

1

난이도 下 공략 Key 질문의 핵심 어휘 파악

张先生，您到饭店以后，先休息一下。中午我们一起吃午饭，下午三点我们经理和您见面，晚上经理请您吃晚饭。

★ 张先生三点做什么？

A 和经理一起吃饭
B 到外面去看看
C 和经理见面

장 선생님, 호텔에 도착하신 후에 우선 쉬고 계세요. 정오에는 저희와 함께 점심 식사를 하고, 오후 3시에는 저희 사장님과 미팅을 하시고, 저녁에는 사장님께서 저녁 식사를 대접하실 것입니다.

★ 장 선생님은 3시에 무엇을 하는가?

A 사장님과 함께 식사를 한다
B 바깥을 좀 둘러본다
C 사장님과 미팅을 한다

공략 질문의 핵심 어휘는 三点이다. 핵심 어휘가 있는 문장 '三点，我们经理和您见面'을 통해서 장 선생님은 3시에 사장과 미팅이 있음을 알 수 있다. 따라서 정답은 C이다.

어휘 饭店 fàndiàn 명 호텔 | ★休息 xiūxi 동 쉬다 | 经理 jīnglǐ 명 사장, 매니저 | 见面 jiànmiàn 동 만나다

2

난이도 中 공략 Key 질문의 핵심 어휘 파악

昨天晚上看球赛，睡得太晚了，今天起床时已经八点多了，我刷了牙，洗了脸，就出来了。

★ 他今天有可能几点起床？

A 8:20 B 8:00 C 9:00

어제저녁에 축구 시합을 보느라 아주 늦게 자서 오늘 일어나 보니 이미 8시가 넘었다. 양치와 세수를 하고 바로 나왔다.

★ 그는 오늘 몇 시에 일어났겠는가?

A 8시 20분 B 8시 C 9시

공략 질문의 핵심 어휘는 起床이다. 핵심 어휘가 있는 문장인 '今天起床时已经八点多了'를 통해서 그는 8시가 넘어서 일어났음을 알 수 있으므로 정답은 A이다.

어휘 球赛 qiúsài 명 축구 시합 | 太 tài 부 너무 | 起床 qǐchuáng 동 일어나다 | ★已经 yǐjing 부 이미, 벌써 | 刷牙 shuāyá 동 이를 닦다, 양치질하다 | 洗脸 xǐliǎn 동 세수하다

3

난이도 中 공략 Key 개사 离가 있는 핵심 문장

爸，您知道吗？13号地铁经过我们家附近，而且地铁站离我们家很近。以后，你上班就方便多了，从我家到你公司只要花30分钟，比坐公共汽车快多了。

★ 13号地铁：

아빠, 알고 계세요? 13호선 지하철이 저희 집 근처를 지나가고, 게다가 지하철역이 저희 집에서 아주 가까워요. 나중에 아빠가 출근하실 때 많이 편하실 거예요. 저희 집에서 아빠 회사까지 30분 걸리고, 버스보다 훨씬 빨라요.

★ 13호선 지하철은?

Ⓐ 离他家不远 B 比坐公共汽车慢 C 旁边有火车站	**Ⓐ 그의 집에서 멀지 않다** B 버스보다 느리다 C 옆에 기차역이 있다

공략 두 지점 간의 공간적 거리를 나타내는 개사 离가 있는 문장 '而且地铁站离我们家很近'을 통해서 지하철역이 그의 집에서 가깝다는 것을 알 수 있으므로 정답은 A이다.

어휘 知道 zhīdào 동 알다, 이해하다 | 地铁 dìtiě 명 지하철 | 经过 jīngguò 동 통과하다, 지나다 | 附近 fùjìn 명 부근, 근처 | ★离 lí 개 ~에서, ~로부터 | 上班 shàngbān 동 출근하다 | ★方便 fāngbiàn 형 편리하다 | 公司 gōngsī 명 회사, 직장 | ★花 huā 동 쓰다, 소비하다 | 公共汽车 gōnggòng qìchē 명 버스

4 난이도 中 공략 Key 질문의 핵심 어휘 파악

6月18号晚上，她正要去下班的时候，突然看到男朋友拿着鲜花站在办公室门口。她这才明白今天是自己的生日。 ★ 6月18号： A 男朋友的生日 B 他们的节日 **Ⓒ 她的生日**	6월 18일 저녁, 그녀가 막 퇴근하려고 할 때, 갑자기 남자 친구가 꽃을 들고 사무실 입구에 서 있는 걸 보았다. 그녀는 비로소 오늘이 자신의 생일인지 알았다. ★ 6월 18일은? A 남자 친구의 생일이다 B 그들의 기념일이다 **Ⓒ 그녀의 생일이다**

공략 질문의 핵심 어휘는 6月18号이다. 맨 마지막 문장인 '她这才明白今天是自己的生日'를 통해서 6월 18일이 여자의 생일임을 알 수 있다.

어휘 下班 xiàbān 동 퇴근하다 | ★突然 tūrán 부 갑자기, 문득 | ★拿 ná 동 (손으로) 쥐다, 잡다 | 鲜花 xiānhuā 명 생화, 꽃 | 办公室 bàngōngshì 명 사무실 | 明白 míngbai 동 알다, 이해하다 | 生日 shēngrì 명 생일

5 난이도 上 공략 Key 개사 离가 있는 핵심 문장

您是来参加今天的面试的吗？面试十点开始，您来早了一点儿，离面试还有二十分钟。请您在外面等一下。 ★ 现在几点？ A 10:00　B 10:20　**Ⓒ 9:40**	오늘 면접에 참가하러 오신 거죠? 면접은 10시에 시작입니다. 조금 일찍 오셨네요. 면접까지 20분이 더 남았습니다. 밖에서 기다려주세요. ★ 현재 시각은? A 10시　B 10시 20분　**Ⓒ 9시 40분**

공략 질문의 핵심 어휘는 几点이다. 따라서 시간과 관련된 어휘에 집중하여 읽어야 한다. '면접은 10시에 시작하고, 면접까지 20분이 더 남았다'고 했으므로 현재 시각은 9시 40분임을 알 수 있다. 따라서 정답은 C이다.

어휘 ★参加 cānjiā 동 참가하다 | ★面试 miànshì 명 면접 시험 | 开始 kāishǐ 동 시작하다

23 day 접속사와 지시대사가 이끄는 문장을 스캔하라

본책_ 179쪽

정답 1. C 2. A 3. C 4. A 5. B

독해 제3부분

1

난이도 下 공략 Key 인과 관계 접속사 因为

到了学校，因为他发现学生证不见了，在书包里找了半天，也没找到，很着急。

★ 他为什么着急？

A 迟到了
B 忘记拿了书包了
C 找不到学生证了

학교에 도착해서 그는 학생증이 없다는 것을 알아차렸다. 책가방을 한참 동안 찾았는데도 찾지 못해서 아주 조급하다.

★ 그는 왜 조급한가?

A 지각해서
B 책가방을 가지고 오지 않아서
C 학생증을 찾지 못해서

공략 원인을 나타내는 접속사 因为가 이끄는 문장을 통해, 그가 책가방을 한참 동안 뒤졌는데도 학생증을 찾지 못해서 조급해하고 있음을 알 수 있으므로 C가 정답이다.

어휘 发现 fāxiàn 동 발견하다 | 学生证 xuéshēngzhèng 명 학생증 | 书包 shūbāo 명 책가방 | ★着急 zháojí 동 조급해하다

2

난이도 上 공략 Key 지시대사 这样이 이끄는 문장

心情不好的时候，你不要自己坐在房间里，也不要躺在床上睡觉，你应该找朋友一起聊天儿，这样你的心情会好起来的。

★ 为什么找朋友聊天儿？

A 心情会好的
B 很喜欢朋友
C 不想睡觉

기분이 좋지 않을 때, 당신은 혼자 방에 앉아 있지 말아야 한다. 침대에 누워서 자지도 말아야 한다. 당신은 친구를 찾아가 수다를 떨어야 한다. 그럼 당신의 기분은 좋아지기 시작할 것이다.

★ 왜 친구를 찾아가 수다를 떨어야 하는가?

A 기분을 좋아지게 하려고
B 친구를 아주 좋아해서
C 잠을 자고 싶지 않아서

공략 어떤 동작이나 상황을 대신하는 지시대사 这样이 이끄는 문장을 통해 기분을 좋아지게 만들기 위해서 친구를 찾아가 수다를 떨어야 한다고 말하고 있다. 따라서 정답은 A가 된다.

어휘 ★心情 xīnqíng 명 심정, 기분 | 房间 fángjiān 명 방 | 躺 tǎng 동 눕다, 드러눕다 | 睡觉 shuìjiào 동 (잠을) 자다 | ★聊天儿 liáotiānr 동 잡담하다

3

난이도 中 공략 Key 인과 관계 접속사 因为

听说你下个星期就要回国了。因为我下星期不在上海，没办法去机场送你了，这本小说送给你，希望你明年再来中国玩儿。

★ 他为什么现在送礼物？

너 다음 주에 귀국한다면서? 내가 다음 주에는 상하이에 없어서 너를 공항까지 데려다주지 못해. 이 소설책을 너에게 선물로 줄게. 내년에 다시 중국으로 놀러 오길 바랄게.

★ 그는 왜 지금 선물을 주는가?

A 下星期回国 B 这本小说很好看 **Ⓒ 下星期不在上海**	A 다음 주에 귀국하기 때문에 B 이 소설책이 아주 재미있어서 **Ⓒ 다음 주에 상하이에 없어서**

공략 원인을 나타내는 접속사 因为가 이끄는 문장을 통해 다음 주에 상하이에 없어서 공항까지 데려다주지 못함을 알 수 있으므로 정답은 C이다.

어휘 听说 tīngshuō 동 듣자 하니 | ★就要 jiùyào 부 머지않아, 곧 | 回国 huíguó 동 귀국하다 | ★办法 bànfǎ 명 방법, 수단 | 机场 jīchǎng 명 공항 | 送 sòng 동 배웅하다, 주다 | 小说 xiǎoshuō 명 소설 | ★希望 xīwàng 동 희망하다, 바라다

4 난이도 上 공략 Key 지시대사 这가 이끄는 문장

没关系，她哭是因为刚才看了一部电影《父母之爱》，这使她突然想起了很多过去的事情。 ★ 她为什么哭? **Ⓐ 想起了过去** B 眼睛不舒服 C 跟男朋友分手了	괜찮아. 그녀가 우는 것은 방금 「부모님의 사랑」이란 영화를 봤기 때문이야. 이 영화로 인해 그녀는 갑자기 예전에 있었던 많은 일들이 생각났어. ★ 그녀는 왜 우는가? **Ⓐ 과거가 떠올라서** B 눈이 아파서 C 남자 친구와 헤어져서

공략 '这使她突然想起了很多过去的事情'이라는 문장을 통해 A가 정답임을 알 수 있다.

어휘 哭 kū 동 울다 | 因为 yīnwèi 접 ~때문에, ~에 의하여 | ★刚才 gāngcái 명 방금 | 部 bù 양 부, 편(서적이나 영화 편수 등을 세는 단위) | 电影 diànyǐng 명 영화 | ★突然 tūrán 부 갑자기, 문득 | ★过去 guòqù 명 과거 | 事情 shìqing 명 일

5 난이도 中 공략 Key 인과 관계 접속사 因为

小张是一位小学老师，教三年级的科学，他虽然很年轻，但是因为课讲得很好，所以同学们都很喜欢他。 ★ 学生为什么喜欢张老师? A 不太年轻 **Ⓑ 课讲得好** C 很关心学生	샤오장은 3학년 과학을 가르치는 초등학교 선생님이다. 그는 비록 매우 젊지만 수업을 잘하기 때문에 학생들이 그를 아주 좋아한다. ★ 학생들은 왜 장 선생님을 좋아하는가? A 그다지 젊지 않아서 **Ⓑ 수업을 잘해서** C 학생들에게 매우 관심을 가져서

공략 인과 관계를 나타내는 접속사 '因为……所以……'가 이끄는 문장을 통해, 선생님이 젊지만 수업을 잘해서 학생들이 선생님을 좋아한다는 사실을 알 수 있다. 따라서 B가 정답이다.

어휘 位 wèi 양 분, 명(공경의 뜻) | 小学 xiǎoxué 명 초등학교 | ★年级 niánjí 명 학년 | 科学 kēxué 명 과학 | ★年轻 niánqīng 형 젊다 | ★讲课 jiǎngkè 동 강의하다

24 day 핵심 어휘로 장소에 대한 객관적인 평가를 내려라

본책_ 185쪽

정답 1. C 2. B 3. B 4. C 5. C

독해 제3부분

1

난이도 上 공략 Key 장소 관련 핵심 문장

过去这儿有很多低矮的旧房子，但是现在都不见了，出现在我们眼前的是干净的街道和漂亮的花园，这个城市的变化真大。

★ 这个城市以前：

A 很干净
B 特别漂亮
C 有不少老房子

과거 여기에는 낮은 오래된 집이 많이 있었다. 그러나 지금은 모두 보이지 않는다. 내 눈앞에는 깨끗한 거리와 예쁜 아파트가 펼쳐져 있다. 이 도시의 변화는 정말로 크다.

★ 이 도시는 예전에?

A 매우 깨끗했다
B 특히 예뻤다
C 오래된 집이 많이 있었다

공략 이 도시가 예전에 어땠는지 묻고 있다. 따라서 以前과 같은 의미인 过去가 이끄는 문장인 '过去这儿有很多低矮的旧房子'를 통해 C가 정답임을 알 수 있다.

어휘 过去 guòqù 명 과거 | ★低矮 dī'ǎi 형 (사물의 높이가) 낮다 | ★旧 jiù 형 낡다, 오래되다 | 出现 chūxiàn 동 나타나다 | 眼前 yǎnqián 명 눈앞, 가까운 곳 | ★干净 gānjìng 형 깨끗하다 | 街道 jiēdào 명 거리 | 花园 huāyuán 명 (가든으로 불리는) 아파트 | 城市 chéngshì 명 도시 | ★变化 biànhuà 명 변화

2

난이도 中 공략 Key 장소에 대한 묘사 관련 핵심 어휘

那个地方很有名，蓝天，白云，绿草，很多人喜欢去那里旅游。奶奶家就住在那儿，她家旁边有一条小河，河边有小小的水草，河里有着一种黄色的小鱼。

★ 那个地方怎么样?

A 经常下雪
B 环境很好
C 空气不好

그곳은 아주 유명하다. 파란 하늘, 흰 구름, 푸른 풀, 많은 사람들이 그곳으로 여행가는 것을 좋아한다. 할머니께서 바로 거기서 사시는데, 할머니 댁 옆에는 작은 강이 있고, 강가에는 작은 수초가 있으며, 강 안에는 노란색 물고기가 있다.

★ 그곳은 어떠한가?

A 자주 눈이 내린다
B 환경이 아주 좋다
C 공기가 좋지 않다

공략 '蓝天, 白云, 绿草' 등의 핵심 어휘를 통해서 그곳의 환경이 좋다는 것을 알 수 있으므로 정답은 B이다.

어휘 地方 dìfang 명 장소 | ★有名 yǒumíng 형 유명하다 | ★旅游 lǚyóu 동 여행하다 | 奶奶 nǎinai 명 할머니 | 旁边 pángbiān 명 옆, 곁 | 河边 hébiān 명 강변, 강가 | 黄色 huángsè 명 노란색 | 小鱼 xiǎoyú 명 작은 물고기

3

난이도 下 공략 Key 장소 관련 핵심 문장

我们家附近有一家超市，走路十分钟就到了，去那儿买东西非常方便。

우리 집 근처에 슈퍼마켓 하나가 있다. 걸어서 10분이면 도착한다. 거기에서 물건을 사는 것은 아주 편리하다.

★ 那个超市： A 有两层 **Ⓑ 买东西很方便** C 离他家很远	★ 그 슈퍼마켓은? A 2층이다 **Ⓑ 물건을 사기에 매우 편하다** C 그의 집에서 아주 멀다

공략 장소 관련 핵심 문장인 '去那儿买东西非常方便'을 통해서 그 슈퍼마켓에서 물건을 사는 것이 아주 편리하다는 것을 알 수 있으므로 정답은 B이다.

어휘 ★附近 fùjìn 명 부근, 근처 | 超市 chāoshì 명 슈퍼마켓 | 走路 zǒulù 동 걷다 | ★方便 fāngbiàn 형 편리하다

4

난이도 中 공략 Key 장소 관련 핵심 문장

那条街上以前有一家饭馆儿，他们家的火锅特别有名。每次去那儿吃饭，饭馆儿里总是有很多客人。 ★ 那家饭馆儿： A 客人不多 B 在超市旁边 **Ⓒ 火锅很好吃**	그 거리에 예전에는 식당 하나가 있었다. 그 식당의 훠궈는 특히 유명하다. 매번 거기로 밥을 먹으러 가면, 식당에는 늘 많은 손님이 있다. ★ 그 식당은? A 손님이 많지 않다 B 슈퍼마켓 옆에 있다 **Ⓒ 훠궈가 아주 맛있다**

공략 장소 관련 핵심 문장 '他们家的火锅特别有名'을 통해서 그 식당의 훠궈가 아주 맛있다는 것을 알 수 있으므로 정답은 C이다.

어휘 饭馆 fànguǎn 명 식당 | 火锅 huǒguō 명 훠궈, 신선로 | ★特别 tèbié 부 특히, 더욱 | ★总是 zǒngshì 부 늘, 줄곧 | 客人 kèrén 명 손님

5

난이도 中 공략 Key 장소 관련 핵심 문장

下班后我们一起去喝茶吧，就在公司旁边，30元一位，除了茶水，还送一些吃的。你那个朋友姓什么？我忘了，把他也叫上？ ★ 那个茶馆儿怎么样？ A 椅子很矮 B 在花园里 **Ⓒ 送吃的东西**	퇴근 후 우리 같이 차 마시러 가자. 바로 회사 옆인데 한 사람에 30위안이야. 차 말고 먹을 것도 줘. 네 그 친구 성이 뭐지? 나 잊어 버렸어. 그 사람도 부를까? ★ 그 찻집은 어떠한가? A 의자가 아주 낮다 B 아파트 안에 있다 **Ⓒ 먹을 것을 준다**

공략 장소 관련 핵심 문장인 '除了茶水，还送一些吃的'를 통해서 그 찻집은 차 이외에도 먹을 것을 준다는 것을 알 수 있으므로 정답은 C이다.

어휘 下班 xiàbān 동 퇴근하다 | 喝茶 hē chá 차를 마시다 | 公司 gōngsī 명 회사, 직장 | ★除了 chúle 접 ~외에 또 | 姓 xìng 명 성, 성씨 | ★忘 wàng 동 잊다 | 叫 jiào 동 부르다, 불러오다

25 day 인물의 행동을 통해 모든 것을 파헤쳐라

본책_ 193쪽

정답 1. C 2. A 3. A 4. B 5. A

독해 제3부분

1 난이도 中 공략 Key 인물의 직업을 나타내는 핵심 문장

我特别希望丈夫能早一些下班，多一些休息，可以经常和我在一起，不要周末的时候还要去公司上班。 ★ 她丈夫最可能是： A 校长　B 护士　**Ⓒ 经理**	나는 남편이 좀 더 일찍 퇴근해서 더 많은 휴식을 취하고, 나와 자주 함께 있어 주길 바란다. 주말에는 회사에 출근하러 가지 않았으면 한다. ★ 그녀의 남편은 아마도? A 교장이다　B 간호사다　**Ⓒ 사장이다**

공략 인물의 직업을 나타내는 핵심 문장 '不要周末的时候还要去公司上班'을 통해서 그녀의 남편은 회사에서 일한다는 것을 알 수 있으므로 정답은 C이다.

어휘 ★特别 tèbié 부 특히, 더욱 | ★希望 xīwàng 동 희망하다, 바라다 | 丈夫 zhàngfu 명 남편 | 休息 xiūxi 동 쉬다 | 经常 jīngcháng 부 항상, 자주 | 周末 zhōumò 명 주말 | 上班 shàngbān 동 출근하다

2 난이도 中 공략 Key 인물의 평가를 나타내는 핵심 문장

女儿从小就喜欢短头发，喜欢像男孩子一样打篮球。长大后，她慢慢地开始像个女孩子了。她学习一直很努力，成绩很好。 ★ 女儿： **Ⓐ 学习很认真** B 成为运动员 C 喜欢踢足球	딸은 어려서부터 짧은 머리를 좋아했고, 남자아이처럼 농구하는 것을 좋아했다. 자라면서, 딸아이는 천천히 여자아이다워졌다. 딸아이는 줄곧 열심히 공부해서 성적도 아주 좋았다. ★ 딸아이는? **Ⓐ 공부를 아주 열심히 한다** B 운동 선수가 되었다 C 축구를 좋아한다

공략 인물의 평가를 나타내는 핵심 문장 '她学习一直很努力，成绩很好'를 통해서 딸아이는 공부도 열심히 하고 성적도 좋다는 것을 알 수 있으므로 정답은 A이다.

어휘 从小 cóngxiǎo 부 어려서부터 | 短 duǎn 형 짧다 | 头发 tóufa 명 머리카락 | 像 xiàng 동 ~와 같다 | 打篮球 dǎ lánqiú 농구를 하다 | ★开始 kāishǐ 동 시작하다 | ★一直 yìzhí 부 계속, 줄곧 | 成绩 chéngjì 명 성적, 결과

3 난이도 下 공략 Key 인물의 평가를 나타내는 핵심 문장

丈夫最近比较忙，很少去运动，又胖了两公斤。他打算等忙完这段时间，就去跑步和游泳。 ★ 丈夫最近： **Ⓐ 变胖了** B 吃得很多 C 经常锻炼	남편은 요즘 비교적 바빠서 자주 운동하러 가지 못했더니, 또 2킬로그램이 쪘다. 그는 바쁜 이 시간이 지나면 달리기와 수영을 할 계획이다. ★ 남편은 요즘? **Ⓐ 살이 쪘다** B 많이 먹는다 C 자주 운동을 한다

공략 인물의 평가를 나타내는 핵심 문장 '又胖了两公斤'을 통해서 남편이 요즘 살이 쪘음을 알 수 있으므로 A가 정답으로 적절하다.

어휘 丈夫 zhàngfu 명 남편 | 最近 zuìjìn 명 최근, 요즘 | ★比较 bǐjiào 부 비교적 | 忙 máng 형 바쁘다 | 运动 yùndòng 동 운동하다 | 又 yòu 부 또, 다시 | ★胖 pàng 형 뚱뚱하다 | 公斤 gōngjīn 양 킬로그램 | ★打算 dǎsuan 동 ~할 생각이다 | 跑步 pǎobù 동 달리다 | 游泳 yóuyǒng 동 수영하다

4 난이도 下 공략 Key 인물의 행동을 나타내는 핵심 문장

这个暑假我跟朋友一起去游泳，把我累坏了，到现在我的全身还在疼。看来我是应该多锻炼锻炼了。

★ 他打算：

A 去旅行
Ⓑ **锻炼身体**
C 去医院

이번 여름 방학에 친구와 수영을 다녀와서 힘들어 죽을 뻔했다. 지금까지 온몸이 아프다. 보아하니 나는 신체를 좀 단련시켜야 할 것 같다.

★ 그는 무엇을 할 계획인가?

A 여행을 갈 계획이다
Ⓑ **신체를 단련할 계획이다**
C 병원에 갈 계획이다

공략 인물의 행동을 나타내는 핵심 문장 '看来我是应该多锻炼锻炼了'를 통해서 그가 몸을 단련할 계획이 있음을 알 수 있으므로 정답은 B이다.

어휘 暑假 shǔjià 명 여름 방학 | 累 lèi 형 지치다, 피곤하다 | 全身 quánshēn 명 전신, 온몸 | 疼 téng 형 아프다 | ★锻炼 duànliàn 동 단련하다

5 난이도 上 공략 Key 인물의 평가를 나타내는 핵심 문장

最近，我发现三岁的女儿对音乐很有兴趣。她哭的时候，如果唱歌给她听，她马上就不哭了，或者让她听音乐，她高兴地跳起舞来了。

★ 她认为，女儿：

Ⓐ **喜欢音乐**
B 喜欢唱歌
C 喜欢哭

요즘 나는 세 살 된 딸이 음악에 흥미가 있다는 것을 알았다. 딸이 울 때, 만약 노래를 불러주면, 바로 울음을 멈춘다. 혹은 딸에게 음악을 들려주면, 즐거워하며 춤을 추기 시작한다.

★ 그녀가 생각하기에 딸은 어떠한가?

Ⓐ **음악을 좋아한다**
B 노래 부르는 것을 좋아한다
C 우는 것을 좋아한다

공략 인물의 평가를 나타내는 핵심 문장 '我发现三岁的女儿对音乐很有兴趣'를 통해서 딸이 음악을 좋아한다는 것을 알 수 있으므로 정답은 A가 된다.

어휘 发现 fāxiàn 동 발견하다, 알아차리다 | ★音乐 yīnyuè 명 음악 | ★兴趣 xìngqù 명 흥미, 취미 | 唱歌 chànggē 동 노래를 부르다 | 马上 mǎshàng 부 곧, 즉시 | 哭 kū 동 울다 | ★或者 huòzhě 접 혹은, 또는 | 高兴 gāoxìng 형 기쁘다

26 day 문장 속 숨은 의미를 정확히 간파하라

본책_ 199쪽

정답 1. B 2. A 3. A 4. C 5. C

1

난이도 上 공략 Key 핵심 문장을 통한 유추

我去年夏天去过一次香港，今年再去的时候，发现那里的变化非常大。经过那条街道时，我几乎不认识了。

★ 根据这段话，可以知道：

A 现在是夏天
B 香港变化很大
C 香港人特别热情

나는 작년 여름 홍콩에 한 번 다녀왔다. 올해 다시 갔을 때, 그곳의 변화가 아주 크다는 것을 발견했다. 그 거리를 지날 때 나는 거의 못 알아볼 뻔했다.

★ 이 글을 통해 알 수 있는 것은?

A 지금은 여름이다
B 홍콩의 변화가 아주 크다
C 홍콩 사람은 특히 친절하다

공략 위의 문장을 통해 현재의 계절과 홍콩 사람이 친절한지는 알 수 없다. 하지만 핵심 문장인 '发现那里的变化非常大'를 통해서 홍콩의 변화가 크다는 것은 알 수 있으므로 정답은 B가 된다.

어휘 去年 qùnián 명 작년 | 夏天 xiàtiān 명 여름 | 香港 Xiānggǎng 고유 홍콩 | ★变化 biànhuà 명 변화 | 经过 jīngguò 동 지나다, 거치다 | 街道 jiēdào 명 거리 | ★几乎 jīhū 부 거의

2

난이도 中 공략 Key 관용 표현 이해

"笑一笑，十年少"这是中国人常说的一句话，意思是笑的好处很多，笑一笑会让人年轻10岁。我们应该常笑，这样才能使自己更年轻，不容易变老。

★ 根据这段话，可以知道：

A 人应该常笑
B 笑能使人美
C 爱笑的人更聪明

'웃으면 10년이 젊어진다' 이것은 중국 사람이 자주 하는 말로, 웃음의 장점이 많아 웃으면 10년 젊어질 수 있다는 뜻이다. 우리는 자주 웃어야 한다. 이렇게 해야 자신을 더 젊게 만들고 쉽게 늙지 않게 해준다.

★ 이 글을 통해 알 수 있는 것은?

A 사람은 자주 웃어야 한다
B 웃으면 아름다워진다
C 웃는 걸 좋아하는 사람은 더 똑똑하다

공략 '笑一笑，十年少'는 '웃으면 10년이 젊어진다'라는 의미를 나타내므로 A가 정답이 된다. B와 C는 본문을 통해서 알 수 없다.

어휘 笑 xiào 동 웃다 | 意思 yìsi 명 의미, 뜻 | ★好处 hǎochu 명 이로운 점, 이점 | ★年轻 niánqīng 형 젊다 | 使 shǐ 동 ~하게 하다 | 容易 róngyì 형 ~하기 쉽다

3

난이도 上 공략 Key 핵심 문장을 통한 유추

每天睡觉前，女儿总会要求爸爸给她讲故事，开始的时候她听得很认真，慢慢地就睡着了。

★ 根据这段话，女儿：

매일 잠들기 전에, 딸은 늘 아빠에게 이야기를 해달라고 한다. 이야기를 시작할 때는 열심히 듣다가 천천히 잠이 든다.

★ 이 글을 통해 딸은?

Ⓐ 爱听故事 B 不喜欢妈妈 C 总是睡不着觉	**Ⓐ 이야기를 듣는 걸 좋아한다** B 엄마를 싫어한다 C 늘 잠들지 못한다

공략 핵심 문장인 '女儿总会要求爸爸给她讲故事'를 통해서 딸이 이야기 듣기를 좋아한다는 것을 알 수 있으므로 정답은 A가 된다. B는 본문을 통해서 알 수 없으며, '慢慢地就睡着了'를 통해서 C 역시 정답이 아님을 알 수 있다.

어휘 睡觉 shuìjiào 동 (잠을) 자다 | 女儿 nǚ'ér 명 딸 | ★要求 yāoqiú 동 요구하다 | 故事 gùshi 명 이야기 | 开始 kāishǐ 동 시작하다 | ★认真 rènzhēn 형 진지하다

4

난이도 下 공략 Key 핵심 문장을 통한 유추

有人问我长得像谁，这个问题很难回答。家里人一般觉得我的鼻子和耳朵像我妈妈，眼睛像我爸爸。 ★ 关于他，下面哪个是对的？ A 头发很短 B 不像妈妈 **Ⓒ 眼睛像爸爸**	내가 누굴 닮았는지 물어본다면, 이 문제는 대답하기 아주 어렵다. 가족들은 보통 내 코와 귀는 엄마를 닮았고, 눈은 아빠를 닮았다고 여긴다. ★ 그에 관해 다음 중 옳은 것은? A 머리가 아주 짧다 B 엄마를 닮지 않았다 **Ⓒ 눈은 아빠를 닮았다**

공략 본문과 일치하지 않는 보기들은 지우면서 문제를 풀도록 한다. '我的鼻子和耳朵像我妈妈'를 통해서 B가 정답이 아니라는 것을 알 수 있으며, A는 본문을 통해서 알 수 없다. 핵심 문장인 '眼睛像我爸爸'를 통해서 C가 정답임을 알 수 있다.

어휘 ★像 xiàng 동 비슷하다, 닮다 | ★回答 huídá 동 대답하다 | 觉得 juéde 동 ~라고 여기다 | 鼻子 bízi 명 코 | 耳朵 ěrduo 명 귀 | 眼睛 yǎnjing 명 눈

5

난이도 中 공략 Key 관용 표현 이해

老人和小孩子有些地方是相同的，所以有个词语叫"老小孩子"，它的意思是，人老了就越来越像小孩子，容易生气，也容易高兴。 ★ 根据这段话，老人： A 经常生病 B 身体不太好 **Ⓒ 有时像小孩子**	노인과 어린아이는 어떤 부분에서는 서로 같다. 그래서 '늙은 어린아이'라는 어휘가 있다. 그것은 사람이 나이가 들면 점점 어린아이 같아져서 쉽게 화를 내고 쉽게 기분이 좋아진다는 뜻이다. ★ 이 글을 통해서 노인은? A 자주 아프다 B 몸이 좋지 않다 **Ⓒ 간혹 어린아이 같다**

공략 '老小孩子'는 사람이 나이가 들면 점점 어린아이 같다는 관용 표현이므로 정답은 C가 된다.

어휘 地方 dìfang 명 부분, 점 | ★相同 xiāngtóng 형 서로 같다, 똑같다 | 词语 cíyǔ 명 어휘, 글자 | ★越来越 yuèláiyuè 점점 ~해진다 | 生气 shēngqì 동 화내다 | 高兴 gāoxìng 형 기쁘다, 즐겁다

27 day 글의 주제를 찾아라

본책_ 205쪽

정답 1. C 2. A 3. A 4. B 5. C

1

난이도 上 공략 Key 마지막 문장을 통한 주제 찾기

饿了就吃饭，渴了就喝水，累了就睡觉，高兴了就笑，难过了就哭。其实，别人怎么想真的没有多大关系，做你自己喜欢的事情就好。

★ 这段话主要想告诉我们：

A 别想得太多
B 要关心别人
C 做自己想做的事

배고프면 밥을 먹고, 갈증 나면 물을 마시고, 피곤하면 잠을 자고, 기쁘면 웃고, 슬프면 울면 된다. 사실 다른 사람이 어떻게 생각하는지는 그다지 상관이 없다. 네 자신이 좋아하는 일을 하기만 하면 된다.

★ 이 글이 주로 우리에게 알려주고자 하는 것은?

A 너무 많은 생각을 하지 마라
B 다른 사람에게 관심을 가져라
C 자신이 하고 싶은 일을 해라

공략 글의 마지막에 제시된 '做你自己喜欢的事情就好'를 통해서 C가 정답임을 알 수 있다.

어휘 饿 è 형 배고프다 | 渴 kě 형 목마르다 | 累 lèi 형 지치다, 피곤하다 | 难过 nánguò 형 고통스럽다, 괴롭다 | ★其实 qíshí 부 사실 | ★怎么 zěnme 대 어떻게 | 事情 shìqing 명 일

2

난이도 中 공략 Key 마지막 문장을 통한 주제 찾기

多吃新鲜水果对身体好，但是不能饭后马上吃水果，吃水果的时间应该是饭后两小时或饭前一小时。

★ 这段话主要告诉我们：

A 吃水果的时间
B 吃水果的好处
C 吃水果的作用

신선한 과일을 많이 먹는 것은 건강에 좋다. 그러나 식후에 바로 과일을 먹으면 안 된다. 과일은 식사 후 두 시간 혹은 식사 한 시간 전에 먹어야 한다.

★ 이 글이 주로 우리에게 알려주는 것은?

A 과일 먹는 시간
B 과일의 장점
C 과일의 작용

공략 첫 번째 문장만 보고 정답을 B로 선택하면 안 된다. 이 글은 과일의 장점에 대해 말하는 것이 아니라 과일을 언제 먹는 것이 좋은지에 대하여 주요하게 말하고 있으므로 정답은 A가 된다.

어휘 新鲜 xīnxiān 형 신선하다, 싱싱하다 | 水果 shuǐguǒ 명 과일 | ★马上 mǎshàng 부 곧, 즉시 | 时间 shíjiān 명 시간 | 应该 yīnggāi 조동 ~해야 한다

3

난이도 上 공략 Key 명절 관련 핵심 어휘

春节是中国最重要的节日，这一节日在中国有很长的历史了。以前，春节那天，大家都在家里，和家人在一起。近年来，人们在春节里有了新的选择——出门旅游。

★ 这段话主要讲：

춘절은 중국의 가장 중요한 명절이며, 이 춘절은 중국에서 매우 긴 역사를 가지고 있다. 예전에는 춘절 당일에 모두 집에서 가족과 함께 보냈다. 요즘은 춘절에 여행을 가는 새로운 선택을 하는 사람들이 생겨났다.

★ 이 글이 주로 이야기하는 것은?

Ⓐ 春节的变化 B 习惯的作用 C 文化的影响	**Ⓐ 춘절의 변화** B 습관의 작용 C 문화의 영향

공략 글 마지막 부분인 '近年来，人们在春节里有了新的选择——出门旅游'를 통해 예전과 다르게 요즘에 여행을 가는 사람들이 생겨났다는 것을 알 수 있으므로 A가 정답이다.

어휘 春节 Chūnjié 명 설날, 춘절 | 节日 jiérì 명 명절 | ★历史 lìshǐ 명 역사 | 近年 jìnnián 명 최근 몇 년 | ★选择 xuǎnzé 동 고르다, 선택하다 | 旅游 lǚyóu 동 여행하다

4 난이도 中 공략 Key 주제가 있는 핵심 문장

手机使我们学习、工作越来越方便，除了打电话、写短信外，很多手机还可以照相，有时候真的方便极了。	휴대 전화는 우리의 공부와 일을 점점 편리하게 만든다. 전화를 하는 것과 문자를 보내는 것 외에 여러 휴대 전화로 사진도 찍을 수 있어서 어떤 때에는 정말 편리하다.
★ 这段话主要告诉我们：	★ 이 글이 주로 우리에게 알려주는 것은?
A 手机的使用方法 **Ⓑ 手机的作用** C 手机的价格	A 휴대 전화 사용 방법 **Ⓑ 휴대 전화의 작용** C 휴대 전화의 가격

공략 '除了打电话、写短信外，很多手机还可以照相'이라는 문장을 통해, 휴대 전화가 우리 생활에 미치는 작용에 대해 이야기 하고 있음을 알 수 있다. 따라서 정답은 B이다.

어휘 手机 shǒujī 명 휴대 전화 | ★使 shǐ 동 ~가 ~하게 하다 | ★越来越 yuèláiyuè 점점 ~해진다 | ★方便 fāngbiàn 형 편리하다 | 短信 duǎnxìn 명 문자 메시지 | 照相 zhàoxiàng 동 사진을 찍다, 촬영하다

5 난이도 中 공략 Key 첫 번째 문장을 통한 주제 찾기

遇到难题时，着急和伤心是没有用的，我们应该努力地想办法，去解决问题。等事情过去后，你会发现，那个问题没有你想的那么难。	어려운 문제에 직면했을 때, 조급해하고 상심하는 것은 소용이 없다. 우리는 열심히 방법을 생각하고 문제를 해결해야 한다. 일이 다 지나간 후에, 그 문제가 당신이 생각했던 것만큼 그렇게 어렵지 않았다는 것을 알게 될 것이다.
★ 这段话主要讲：	★ 이 글이 주로 이야기하는 것은?
A 别伤心难过 B 人人都会遇到难题 **Ⓒ 怎么解决难题**	A 상심하고 괴로워하지 마라 B 사람들은 모두 어려운 문제에 직면한다 **Ⓒ 어떻게 어려운 문제를 해결할 수 있을까**

공략 글의 첫 부분에 제시된 '遇到难题时，着急和伤心是没有用的，我们应该努力地想办法'라는 문장을 통해 어려운 문제를 해결할 수 있는 방법에 대해 이야기하고 있음을 알 수 있다. 따라서 C가 정답으로 적절하다.

어휘 ★遇到 yùdào 동 마주치다, 부딪치다 | ★难题 nántí 명 풀기 어려운 문제 | 着急 zháojí 동 조급해하다 | 伤心 shāngxīn 동 상심하다, 슬퍼하다 | ★解决 jiějué 동 해결하다, 풀다 | 发现 fāxiàn 동 발견하다, 알아차리다

28 day 문장의 뼈대를 만들어라

본책_ 219쪽

정답 1. 妈妈告诉我一件事。| 2. 我要跟男朋友见面。| 3. 今天的天气真暖和。| 4. 我弟弟有写日记的习惯。| 5. 明天什么时候集合呢?

난이도 上 공략 Key 쌍빈동사의 이해

1

一件 妈妈 告诉我 事

공략 1단계 **술어를 찾자 ◎ 告诉**
일반적으로 동사나 형용사가 술어로 쓰이므로 '알려주다'라는 의미의 동사 告诉가 술어가 된다. 또한 告诉는 목적어가 두 개인 쌍빈동사이므로, '告诉+我+一件事'가 된다.

2단계 **'수사+양사+명사' 구조를 만들자 ◎ 一件+事**
件은 '일, 사건' 등을 세는 양사이므로 '수사+양사+명사'의 원리에 의해 '一件+事'가 된다.

3단계 **주어를 찾자 ◎ 妈妈**
마지막 남은 명사 妈妈가 이 문장의 주어가 된다.

∴ 妈妈告诉我一件事。 엄마가 나에게 한 가지 일을 알려주셨다.

어휘 件 jiàn 양 건, 개(일을 세는 단위) | ★告诉 gàosu 명 말하다, 알리다 | 事 shì 명 일

난이도 上 공략 Key 이합동사의 이해

2

我 跟男朋友 见面 要

공략 1단계 **술어를 찾자 ◎ 见面**
일반적으로 동사나 형용사가 술어로 쓰이므로 '만나다'라는 의미의 동사 见面이 술어가 된다. 见面은 목적어를 이미 갖고 있는 이합동사이므로 '见面+목적어' 형태가 될 수 없다. 따라서 개사구인 '跟男朋友'의 수식을 받아 '跟男朋友见面'이 된다.

2단계 **부사어를 찾자 ◎ 要+跟男朋友**
'원하다'라는 의미를 나타내는 조동사 要는 개사구 앞에 오므로 '要+跟男朋友见面'이 된다.

3단계 **주어를 찾자 ◎ 我**
마지막 남은 대사 我가 이 문장의 주어로 문장 맨 앞에 온다.

∴ 我要跟男朋友见面。 나는 남자 친구를 만나고 싶다.

어휘 ★跟 gēn 개 ~와 | ★男朋友 nánpéngyou 명 남자 친구 | ★见面 jiànmiàn 동 만나다 | 要 yào 조동 희망하다, 원하다

난이도 中 공략 Key '정도부사+형용사' 구조

3

今天的 暖和 天气 真

공략 1단계 **술어를 찾자 ◎ 暖和**
일반적으로 동사나 형용사가 술어로 쓰이므로 '따뜻하다'라는 의미의 형용사 暖和가 술어가 된다.

2단계 '정도부사+형용사' 구조를 만들자 ⊙ 真+暖和
형용사는 단독으로 술어가 될 수 없으므로 정도부사의 수식을 받아 '真+暖和'가 된다.

3단계 '구조조사 的+명사' 구조를 만들자 ⊙ 今天的+天气
구조조사 的는 명사를 꾸며주므로 '今天的+天气'가 된다.

∴ 今天的天气真暖和。오늘의 날씨는 정말 따뜻하다.

어휘 ★暖和 nuǎnhuo 형 따뜻하다 | 天气 tiānqì 명 날씨 | ★真 zhēn 부 정말로, 참으로

4 난이도 中 공략 Key '동사 술어+목적어' 구조

写日记的　我弟弟　习惯　有

공략 1단계 술어를 찾자 ⊙ 有
일반적으로 동사나 형용사가 술어로 쓰이므로 '있다'라는 의미의 동사 有가 술어가 된다.

2단계 '구조조사 的+명사' 구조를 만들자 ⊙ 写日记的+习惯
구조조사 的는 명사를 꾸며주므로 '写日记的+习惯'이 된다.

3단계 주어와 목적어를 찾자 ⊙ 주어 我弟弟, 목적어 习惯
일기를 쓰는 대상이 바로 내 남동생이므로 我弟弟가 주어이고 习惯은 목적어가 된다. 여기에서 '写日记的'는 목적어를 수식하는 관형어로 习惯 앞에 온다.

∴ 我弟弟有写日记的习惯。내 남동생은 일기 쓰는 습관이 있다.

어휘 写 xiě 동 짓다, 쓰다 | 日记 rìjì 명 일기 | ★习惯 xíguàn 명 버릇, 습관

5 난이도 中 공략 Key '什么时候+동사' 구조

集合　明天　呢　什么时候

공략 1단계 술어를 찾자 ⊙ 集合
일반적으로 동사나 형용사가 술어로 쓰이므로 '집합하다'라는 의미의 동사 集合가 술어가 된다.

2단계 '什么时候+동사' 구조를 만들자 ⊙ 什么时候+集合
什么时候는 동사 앞에서 동작이 발생할 때를 나타내므로 '什么时候+集合'가 된다.

3단계 주어를 찾자 ⊙ 明天
일반적으로 명사나 대사가 주어로 쓰인다. 여기에서는 시간명사 明天이 주어로 문장 맨 앞에 오며, 어기조사 呢는 문장 맨 끝에 놓여 의문을 나타낸다.

∴ 明天什么时候集合呢? 내일 언제 집합합니까?

어휘 ★集合 jíhé 동 집합하다 | 呢 ne 조 문장 끝에 놓여 의문을 나타냄 | ★什么时候 shénme shíhou 언제

29 day 주어와 목적어를 꾸며라 - 관형어

본책_ 227쪽

정답 1. 弟弟买了一条牛仔裤。 | 2. 老师住在哪个城市? | 3. 公园里的花都开了。 | 4. 这个饭店的服务员很热情。 | 5. 这本书的作者非常有名。

1 난이도 中 공략 Key '수사+양사+명사' 구조

弟弟　　牛仔裤　　一条　　买了

공략 1단계 **술어를 찾자 ⊙ 买了**
일반적으로 동사나 형용사가 술어로 쓰이므로 买了가 술어가 된다.

2단계 **'수사+양사+명사' 구조를 만들자 ⊙ 一条+牛仔裤**
条는 청바지나 치마 등을 세는 양사이므로, '수사+양사+명사'의 원리에 의해 '一条+牛仔裤'가 된다.

3단계 **주어를 찾자 ⊙ 弟弟**
청바지를 산 주체자가 남동생이므로 弟弟가 이 문장의 주어가 된다.

∴ 弟弟买了一条牛仔裤。 남동생이 청바지 한 벌을 샀다.

어휘 弟弟 dìdi 명 남동생 | ★牛仔裤 niúzǎikù 명 청바지 | 买 mǎi 동 사다

2 난이도 上 공략 Key '동사+在+장소' 구조

住在　　老师　　城市　　哪个

공략 1단계 **'수사+양사+명사' 구조를 만들자 ⊙ 哪个+城市**
'수사+양사+명사'의 원리에 의해 '哪个+城市' 또는 '哪个+老师'가 된다.

2단계 **'동사+在+장소' 구조를 만들자 ⊙ 住在+哪个城市**
장소를 나타내는 개사 在는 '살다'라는 의미를 나타내는 동사 住 뒤에 놓여 보어 역할을 한다. 따라서 '住在' 뒤에는 장소와 관련된 어휘가 와야 하므로 '住在+哪个城市'가 된다.

3단계 **주어를 찾자 ⊙ 老师**
일반적으로 명사나 대사가 주어로 쓰이므로 마지막으로 남은 老师가 이 문장의 주어가 된다.

∴ 老师住在哪个城市? 선생님은 어느 도시에 삽니까?

어휘 ★住 zhù 동 살다, 거주하다 | 老师 lǎoshī 명 선생님, 스승 | ★城市 chéngshì 명 도시

3 난이도 中 공략 Key '구조조사 的+명사' 구조

都　　公园里的　　开了　　花

공략 1단계 **술어를 찾자 ⊙ 开了**
일반적으로 동사나 형용사가 술어로 쓰이므로, '피다'라는 의미의 '开了'가 술어가 된다.

2단계 **'구조조사 的+명사' 구조를 만들자 ⊙ 公园里的+花**
구조조사 的는 명사를 꾸며주므로 '公园里的+花'가 된다.

3단계 **'부사+술어' 구조를 만들자 ⊙ 都+开了**
부사 都는 술어를 수식하므로 '都+开了'가 된다.

∴ 公园里的花都开了。공원의 꽃이 모두 피었다.

어휘 ★都 dōu 부 모두, 다 | 公园 gōngyuán 명 공원 | 开 kāi 동 (꽃이) 피다 | 花 huā 명 꽃

4 난이도 上 공략 Key '수사+양사+……的+명사' 구조

服务员	很	这个	饭店的	热情

공략 1단계 **술어를 찾자 ⊙ 热情**
일반적으로 동사나 형용사가 술어로 쓰이므로 '친절하다'라는 의미의 형용사 热情이 술어가 된다.

2단계 **'정도부사+형용사' 구조를 만들자 ⊙ 很+热情**
형용사는 단독으로 술어가 될 수 없으며, 일반적으로 정도부사의 수식을 받는다. 따라서 '很+热情' 순서로 배열된다.

3단계 **'수사+양사+명사' 구조를 만들자 ⊙ 这个+服务员**
个는 사람을 세는 양사로 '수사+양사+명사'의 원리에 의해 '这个+服务员'이 된다.

4단계 **'구조조사 的+명사' 구조를 만들자 ⊙ 这个饭店的+服务员**
구조조사 的는 명사를 수식하므로 '这个饭店的+服务员'이 된다.

∴ 这个饭店的服务员很热情。이 호텔 종업원은 매우 친절하다.

어휘 服务员 fúwùyuán 명 종업원 | 饭店 fàndiàn 명 호텔 | ★热情 rèqíng 형 친절하다

5 난이도 中 공략 Key '구조조사 的+명사' 구조

这本书的	有名	非常	作者

공략 1단계 **술어를 찾자 ⊙ 有名**
일반적으로 동사나 형용사가 술어가 되므로 '유명하다'라는 의미의 형용사 有名이 술어가 된다.

2단계 **'정도부사+형용사' 구조를 만들자 ⊙ 非常+有名**
형용사는 단독으로 술어가 될 수 없으며, 일반적으로 정도부사의 수식을 받는다. 따라서 '非常+有名'의 순서로 배열한다.

3단계 **'구조조사 的+명사' 구조를 만들자 ⊙ 这本书的+作者**
구조조사 的는 명사를 꾸며주므로 '这本书的+作者'가 된다.

∴ 这本书的作者非常有名。이 책의 작가는 매우 유명하다.

어휘 ★有名 yǒumíng 형 유명하다 | 非常 fēicháng 부 대단히, 매우 | 作者 zuòzhě 명 저자, 작가

30 day 술어를 수식하는 어법의 꽃 -부사어 I

본책_ 237쪽

정답 1. 她认真地介绍自己。 | 2. 他身体有点儿不舒服。 | 3. 你别开玩笑了。 | 4. 这儿的风景太美了。 | 5. 那台电脑终于修好了。

1

난이도 中 공략 Key '구조조사 地+동사' 구조

介绍　她　自己　认真地

공략 1단계 **술어를 찾자 ◎ 介绍**

일반적으로 동사나 형용사가 술어로 쓰이므로 '소개하다'라는 의미를 나타내는 동사 介绍가 이 문장의 술어가 된다.

2단계 **'구조조사 地+동사' 구조를 만들자 ◎ 认真地＋介绍**

구조조사 地는 동사 술어를 수식하는 부사어 역할을 하므로 '认真地+介绍'가 된다.

3단계 **주어와 목적어를 찾자 ◎ 주어 她, 목적어 自己**

그녀가 자신을 소개하는 것이므로 주어는 她, 목적어는 自己가 된다.

∴ 她认真地介绍自己。 그녀는 진지하게 자신을 소개한다.

어휘 ★介绍 jièshào 동 소개하다 | 自己 zìjǐ 대 자기, 자신 | 认真 rènzhēn 형 착실하다, 진솔하다

2

난이도 上 공략 Key '부사+형용사' 구조

有点儿　他　不舒服　身体

공략 1단계 **술어를 찾자 ◎ 不舒服**

일반적으로 동사나 형용사가 술어로 쓰이므로 부정부사 不와 함께 있는 '不舒服'가 술어가 된다.

2단계 **'부사+술어' 구조를 만들자 ◎ 有点儿＋不舒服**

有点儿은 '조금, 약간'이라는 의미로, 술어를 수식하는 부사어이다. 따라서 '有点儿+不舒服'가 된다.

3단계 **주어를 찾자 ◎ 他＋身体**

그의 몸이 좋지 않은 것이므로 '他+身体'가 주어가 된다.

∴ 他身体有点儿不舒服。 그의 몸은 조금 불편하다.

어휘 ★有点儿 yǒudiǎnr 부 약간, 조금 | 舒服 shūfu 형 (몸·마음이) 편안하다 | 身体 shēntǐ 명 몸, 신체

3

난이도 上 공략 Key '부정부사+동사+了' 구조

你　开玩笑　别　了

공략 1단계 **술어를 찾자 ◎ 开玩笑**

일반적으로 동사나 형용사가 술어로 쓰이므로 '농담을 하다'라는 동사 '开玩笑'가 이 문장의 술어이다.

2단계 **'부정부사+동사' 구조를 만들자 ◎ 别＋开玩笑**

别는 '~하지 마라'라는 의미의 부정부사로, 동사 술어를 수식하므로 '别+开玩笑'가 된다.

3단계 **주어를 찾자 ◎ 你**

쓰기 제1부분

명사나 대사가 일반적으로 주어로 쓰이기 때문에 你가 주어가 되고, 了는 부정부사 别와 함께 '别……了' 형태로 쓰여, 문장 맨 뒤에 온다.

∴ 你别开玩笑了。너 농담하지 마.

어휘 开玩笑 kāi wánxiào 동 농담하다 | ★别 bié 부 ~하지 마라

4 난이도 中 공략 Key '정도부사+형용사' 구조

这儿的　太　风景　美了

공략 1단계 **술어를 찾자 ○ 美了**

일반적으로 동사나 형용사가 술어로 쓰이므로 '아름답다'라는 의미의 형용사 美가 이 문장의 술어가 된다.

2단계 **'정도부사+형용사' 구조를 만들자 ○ 太+美了**

형용사는 단독으로 술어가 될 수 없으며, 일반적으로 정도부사의 수식을 받는다. 따라서 '太+美了'가 된다.

3단계 **'구조조사 的+명사' 구조를 만들자 ○ 这儿的+风景**

구조조사 的는 명사를 수식하므로 '这儿的+风景'이 된다.

∴ 这儿的风景太美了。이곳의 풍경은 매우 아름답다.

어휘 ★太 tài 부 대단히, 매우 | 风景 fēngjǐng 명 풍경, 경치 | 美 měi 형 아름답다, 예쁘다

5 난이도 中 공략 Key '부사+동사' 구조

终于　那台　修好了　电脑

공략 1단계 **술어를 찾자 ○ 修好了**

일반적으로 동사나 형용사가 술어로 쓰인다. 여기에서는 동사 뒤에 결과보어 好가 있는 '修好了'가 이 문장의 술어가 된다.

2단계 **'부사+술어' 구조를 만들자 ○ 终于+修好了**

终于는 '마침내'라는 의미의 부사로 문장에서 술어를 수식하는 부사어로 쓰였다. 따라서 '终于+修好了'가 된다.

3단계 **'지시대사+(수사)+양사+명사' 구조를 만들자 ○ 那台+电脑**

台는 기계 등을 세는 양사로 명사 电脑를 수식한다. 따라서 '那台+电脑' 순서로 배열된다.

∴ 那台电脑终于修好了。그 컴퓨터는 마침내 수리가 끝났다.

어휘 ★终于 zhōngyú 부 마침내, 결국 | ★台 tái 양 대(기계·차량·설비 등을 세는 단위) | 修 xiū 동 수리하다 | 电脑 diànnǎo 명 컴퓨터

31 day 술어를 수식하는 어법의 꽃 - 부사어Ⅱ

본책_ 247쪽

정답 1. 老师想听听大家的意见。 | 2. 为我们的友谊干杯。 | 3. 我奶奶不会包饺子。 | 4. 我不想跟他见面。 | 5. 他对中国文化很了解。

쓰기 제1부분

1

난이도 中 공략 Key '조동사+동사' 구조

大家的　　听听　　老师　　意见　　想

공략 (1단계) **술어를 찾자 ◐ 听听**

일반적으로 동사나 형용사가 술어로 쓰이므로 동사 중첩 형태인 听听이 술어가 된다.

(2단계) **'구조조사 的+명사' 구조를 만들자 ◐ 大家的+意见**

구조조사 的는 명사를 수식하므로 '大家的+意见'이 된다.

(3단계) **'조동사+동사' 구조를 만들자 ◐ 想+听听**

바람을 나타내는 조동사 想은 동사 앞에서 술어를 수식하는 부사어 역할을 하므로 '想+听听'이 된다.

(4단계) **주어와 목적어를 찾자 ◐ 주어 老师, 목적어 意见**

선생님이 모두의 의견을 듣고 싶어 하므로 老师가 주어, 意见이 목적어, '大家的'는 목적어를 수식하는 관형어가 된다.

∴ 老师想听听大家的意见。 선생님은 모두의 의견을 듣고 싶어 한다.

어휘 大家 dàjiā 대 모두 | ★意见 yìjiàn 명 견해, 의견

2

난이도 上 공략 Key '개사구(为+명사)+동사 술어' 구조

干杯　　友谊　　为　　我们的

공략 (1단계) **술어를 찾자 ◐ 干杯**

일반적으로 동사나 형용사가 술어로 쓰이므로 '건배하다'라는 동사 干杯가 술어가 된다.

(2단계) **'구조조사 的+명사' 구조를 만들자 ◐ 我们的+友谊**

구조조사 的는 명사를 수식하므로 '我们的+友谊'가 된다.

(3단계) **개사구를 만들자 ◐ 为+我们的友谊**

为는 '~을 위하여'라는 의미의 개사로 명사구인 '我们的友谊'와 결합하여, 개사구를 만들어 동사 술어를 수식하므로 '为+我们的友谊+干杯'가 된다.

∴ 为我们的友谊干杯。 우리의 우정을 위하여 건배!

어휘 干杯 gānbēi 동 건배하다 | 友谊 yǒuyì 명 우정 | ★为 wèi 개 ~을 위하여

3

난이도 中 공략 Key '부사+조동사+동사' 구조

我奶奶　　包饺子　　不　　会

공략 (1단계) **술어를 찾자 ◐ 包+饺子**

일반적으로 동사나 형용사가 술어로 쓰이므로 '빚다, 싸다'라는 동사 包가 술어가 되고, 饺子는 목적어가 된다.

(2단계) **'부사+조사+(개사)+동사' 구조를 만들자 ⊙ 不+会+包饺子**

부사와 조동사가 모두 동사 술어를 수식하는 부사어로 쓰일 때 '부사+조사+(개사)+동사' 순서에 따라 '不+会+包饺子'가 된다.

(3단계) **주어를 찾자 ⊙ 我奶奶**

마지막 남은 我奶奶가 이 문장의 주어가 된다.

∴ 我奶奶不会包饺子。우리 할머니는 만두를 빚지 못하신다.

어휘 奶奶 nǎinai 명 할머니 | ★包 bāo 동 싸다, 싸매다 | 饺子 jiǎozi 명 만두

4

난이도 上 공략 Key '부사+조사+개사+동사' 구조

跟他	我	见面	不想

공략 (1단계) **술어를 찾자 ⊙ 见面**

일반적으로 동사나 형용사가 술어로 쓰이므로 '만나다'라는 의미의 이합동사 见面이 술어가 된다.

(2단계) **'개사구+술어' 구조를 만들자 ⊙ 跟他+见面**

'개사+대사'로 이루어진 개사구 '跟他'는 동사 술어를 수식하여 부사어 역할을 하므로 '跟他+见面'이 된다.

(3단계) **'부사+조동사+개사+동사' 구조를 만들자 ⊙ 不+想+跟他+见面**

부사, 조동사, 개사구가 모두 동사 술어를 수식하는 부사어로 쓰일 때 '부사+조동사+(개사)+동사' 순서에 따라 '不+想+跟他+见面'이 된다.

(4단계) **주어를 찾자 ⊙ 我**

마지막으로 남은 인칭대사 我가 이 문장의 주어가 된다.

∴ 我不想跟他见面。나는 그를 만나고 싶지 않다.

어휘 ★见面 jiànmiàn 동 만나다

5

난이도 中 공략 Key '개사구(对+명사)+술어' 구조

对	他	很了解	中国文化

공략 (1단계) **술어를 찾자 ⊙ 很+了解**

일반적으로 동사나 형용사가 술어로 쓰이므로 '이해하다, 알다'라는 의미의 동사 了解가 술어가 된다.

(2단계) **개사구를 만들자 ⊙ 对+中国文化**

对는 '~에 대하여'라는 의미의 개사로 中国文化와 함께 개사구를 만들어 동사 술어를 수식하므로 '对+中国文化+很+了解'가 된다.

(3단계) **주어를 찾자 ⊙ 他**

마지막 남은 인칭대사 他가 이 문장의 주어가 된다.

∴ 他对中国文化很了解。그는 중국 문화에 대해 잘 알고 있다.

어휘 ★对 duì 개 ~에 대하여 | ★了解 liǎojiě 동 자세하게 알다, 이해하다 | 文化 wénhuà 명 문화

32 day 술어의 든든한 지원군 - 보어

본책_ 257쪽

정답 1. 他的画画得很漂亮。 | 2. 我妈妈高兴得哭了。 | 3. 她又检查了一遍。 | 4. 同学们已经记住了那些生词。 | 5. 我姐姐学了一年汉语。

1

난이도 中 공략 Key 정도보어의 이해

很　　漂亮　　他的画　　画得

공략 1단계 **술어를 찾자 ➲ 画得**

일반적으로 동사나 형용사가 술어로 쓰이므로 동사 画가 술어가 된다. 구조조사 得를 통해 이 문제가 정도보어를 묻는 문제임을 알 수 있다.

2단계 **보어를 찾자 ➲ 很+漂亮**

정도보어의 기본 어순 '동사/형용사+得+평가/묘사'를 통해 '画得+很漂亮' 형태를 만든다. 이를 통해 그림이 아름답게 그려졌다는 것을 알 수 있다.

3단계 **주어를 찾자 ➲ 他的画**

일반적으로 명사나 대사가 문장에서 주어로 쓰이므로 画가 주어이고, '他的'는 주어를 꾸며주는 관형어가 된다.

∴ 他的画画得很漂亮。 그는 그림을 아주 아름답게 그렸다.

어휘 很 hěn 부 매우, 대단히 | 漂亮 piàoliang 형 예쁘다, 아름답다 | ★画 huà 명동 그림, (그림을) 그리다

2

난이도 中 공략 Key 정도보어의 이해

哭了　　我妈妈　　高兴得

공략 1단계 **술어를 찾자 ➲ 高兴得**

일반적으로 동사나 형용사가 술어로 쓰이므로 형용사 高兴이 술어가 된다. 또한 구조조사 得를 통해 정도보어를 묻는 문제임을 알 수 있다.

2단계 **보어를 찾자 ➲ 哭了**

정도보어의 기본 어순 '동사/형용사+得+평가/묘사'를 통해 '高兴得+哭了' 형태를 만든다. 이를 통해서 눈물이 날 정도로 기쁘다는 것을 알 수 있다.

3단계 **주어를 찾자 ➲ 我妈妈**

일반적으로 명사나 대사가 문장에서 주어로 쓰이므로 '我妈妈'가 이 문장의 주어가 된다.

∴ 我妈妈高兴得哭了。 우리 엄마는 기뻐서 눈물을 흘리셨다.

어휘 哭 kū 동 울다 | ★高兴 gāoxìng 형 기쁘다, 즐겁다

3

난이도 上 공략 Key 동량보어의 이해

一遍　　她　　又　　检查了

쓰기 제1부분

공략 (1단계) **술어를 찾자** ⊙ 检查了

일반적으로 동사나 형용사가 술어로 쓰이므로 '검사하다'라는 의미의 동사 检查가 이 문장의 술어가 된다.

(2단계) **보어를 찾자** ⊙ 一遍

一遍은 동작의 횟수를 나타내는 동량사로 술어 뒤에 놓여 동량보어 역할을 하므로 '检查了+一遍'이 된다.

(3단계) **부사어를 찾자** ⊙ 又

又는 과거에 대한 동작의 반복을 나타내는 부사이므로 술어 앞에 온다. 따라서 '又+检查了+一遍'이 된다.

(4단계) **주어를 찾자** ⊙ 她

일반적으로 명사나 대사가 주어로 쓰이므로 인칭대사 她가 주어가 된다.

∴ 她又检查了一遍。그녀는 다시 한 번 검사를 했다.

어휘 遍 biàn 양 번, 차례 | ★又 yòu 부 또, 다시 | ★检查 jiǎnchá 동 검사하다, 점검하다

4

난이도 中 공략 Key 결과보어의 이해

那些生词	同学们	记住了	已经

공략 (1단계) **술어를 찾자** ⊙ 记住了

일반적으로 동사나 형용사가 문장에서 술어로 쓰이므로 동사 뒤에 결과보어가 결합된 형태인 '记住了'가 이 문장의 술어가 된다.

(2단계) **주어와 목적어를 찾자** ⊙ 주어 同学们, 목적어 那些生词

반 친구들이 그 단어들을 기억한 것이므로 同学们이 주어, 那些生词가 목적어가 된다.

(3단계) **부사어를 찾자** ⊙ 已经

부사 已经은 '이미, 벌써'라는 의미로 술어 앞에서 술어를 수식하므로 '已经+记住了'가 된다.

∴ 同学们已经记住了那些生词。반 친구들은 이미 그 새 단어들을 암기했다.

어휘 生词 shēngcí 명 새 단어 | 同学 tóngxué 명 학교 친구 | ★记住 jìzhu 동 확실히 기억하고 있다 | ★已经 yǐjing 부 이미, 벌써

5

난이도 上 공략 Key 시량보어의 이해

汉语	学了	一年	我姐姐

공략 (1단계) **술어를 찾자** ⊙ 学了

일반적으로 동사나 형용사가 술어로 쓰이므로 동사 '学了'가 이 문장의 술어가 된다.

(2단계) **보어를 찾자** ⊙ 一年

一年은 시간의 양을 나타내는 시량사로, 술어 뒤에서 시량보어 역할을 하므로 '学了+一年'이 된다.

(3단계) **주어와 목적어를 찾자** ⊙ 주어 我姐姐, 목적어 汉语

우리 언니가 중국어를 배운 것이므로 我姐姐가 주어가 되고, 汉语가 목적어가 된다.

∴ 我姐姐学了一年汉语。우리 언니는 일 년 동안 중국어를 배웠다.

어휘 汉语 Hànyǔ 명 중국어 | ★学 xué 동 배우다, 학습하다 | 姐姐 jiějie 명 누나, 언니

33 day 이름으로 감을 잡아라 - 연동문·겸어문

본책_ 265쪽

정답 1. 爸爸经常到上海出差。| 2. 大夫不让我吃这种药。| 3. 你能不能用汉语写日记? | 4. 校长想请张老师讲课。| 5. 奶奶每天早上去公园打太极拳。

1 난이도 中 공략 Key 연동문에서 부사의 위치

上海　爸爸　出差　经常　到

공략 1단계 **'동사1+목적어1+동사2+목적어2' 순으로 배열하자 ⊙ 到上海+出差**
동사 술어 到와 出差를 통해서 동사가 연속해서 출현하는 연동문임을 알 수 있다. 연동문은 동작이 일어나는 순서대로 동사를 나열해야 하므로, '到上海+出差'가 된다.

2단계 **'부사+동사1' 구조를 만들자 ⊙ 经常+到上海**
연동문에서 부사는 첫 번째 동사 앞에 위치하므로 '经常+到上海+出差'가 된다.

3단계 **주어를 찾자 ⊙ 爸爸**
일반적으로 명사나 대사가 주어로 쓰이므로 爸爸가 이 문장의 주어가 된다.

∴ 爸爸经常到上海出差。아빠는 자주 상하이로 출장을 가신다.

어휘 出差 chūchāi 동 출장을 가다 | ★经常 jīngcháng 부 항상, 자주 | ★到 dào 동 ~에 이르다

2 난이도 上 공략 Key 겸어문에서 부사의 위치

吃　大夫　这种药　不　让我

공략 1단계 **'동사1+목적어1/주어2+동사2+목적어2' 순으로 배열하자 ⊙ 让我+吃这种药**
사역동사 让을 통해서 겸어문을 묻는 문제임을 알 수 있다. 겸어문의 기본 문형을 머릿속으로 떠올리며 문장을 완성해 보자. 我는 사역동사 让의 목적어이면서 '吃这种药'의 주어이기도 하므로 '让我+吃这种药'가 된다.

2단계 **'부사+동사1' 구조를 만들자 ⊙ 不+让我**
겸어문에서 부사는 첫 번째 동사 앞에 위치하므로 '不+让我+吃这种药'가 된다.

3단계 **주어1을 찾자 ⊙ 大夫**
의사가 이러한 종류의 약을 먹지 말라고 한 것이므로 大夫가 주어가 된다.

∴ 大夫不让我吃这种药。의사 선생님께서 나에게 이런 약을 먹지 말라고 하셨다.

어휘 大夫 dàifu 명 의사 | 种 zhǒng 명 종류 | 药 yào 명 약

3 난이도 中 공략 Key 연동문에서 조동사의 위치

写日记　用汉语　你　能不能

공략 1단계 **'동사1+목적어1+동사2+목적어2' 순으로 배열하자 ⊙ 用汉语+写日记**
동사 술어 用과 写를 통해서 동사가 연속해서 출현하는 연동문임을 알 수 있다. 중국어를 사용하여 일기를 쓰는 것이므로 '用汉语+写日记'가 된다.

쓰기 제1부분

2단계 **'조동사+동사1' 구조를 만들자 ◎ 能不能+用汉语**

연동문에서 부사와 조동사는 첫 번째 동사 앞에 오므로 '能不能+用汉语+写日记'가 된다.

3단계 **주어를 찾자 ◎ 你**

일반적으로 명사나 대사가 주어 역할을 하므로 你가 이 문장의 주어이다. 정반의문문(能不能)의 형식을 취하고 있으므로 마지막에 물음표를 붙인다.

∴ 你能不能用汉语写日记? 당신은 중국어로 일기를 쓸 수 있습니까?

어휘 写日记 xiě rìjì 일기를 쓰다 | ★用 yòng 동 쓰다, 사용하다 | 能 néng 조동 ~할 수 있다

4 난이도 上 공략 Key 겸어문에서 조동사의 위치

请张老师	校长	想	讲课

공략 1단계 **'동사1+목적어1/주어2+동사2+목적어2' 순으로 배열하자 ◎ 请张老师+讲课**

부탁이나 요청을 나타내는 请을 통해서 겸어문을 묻는 문제임을 알 수 있다. 겸어문의 기본 문형을 머릿속으로 떠올리며 문장을 완성해보자. 张老师는 동사 请의 목적어이면서 讲课의 주어이기도 하므로 '请张老师+讲课'가 된다.

2단계 **'조동사+동사1' 구조를 만들자 ◎ 想+请张老师**

겸어문에서 조동사는 첫 번째 동사 앞에 오므로 '想+请张老师+讲课'가 된다.

3단계 **주어1을 찾자 ◎ 校长**

장 선생님에게 강의를 부탁하려는 사람은 교장 선생님이므로 校长이 주어가 된다.

∴ 校长想请张老师讲课。교장 선생님은 장 선생님께 강의를 부탁하려고 한다.

어휘 ★请 qǐng 동 청하다, 부탁하다 | 校长 xiàozhǎng 명 교장 선생님 | ★想 xiǎng 조동 ~하고 싶다, ~하려고 하다 | 讲课 jiǎngkè 동 강의하다, 수업하다

5 난이도 中 공략 Key 동작의 순서에 따른 동사 나열

去公园	奶奶	打太极拳	每天早上

공략 1단계 **'동사1+목적어1+동사2+목적어2' 순으로 배열하자 ◎ 去公园+打太极拳**

동사 술어 去와 '打太极拳'을 통해서 동사가 연속해서 출현하는 연동문임을 알 수 있다. 연동문은 동작이 일어나는 순서대로 동사를 나열해야 하므로, '去公园+打太极拳'이 된다.

2단계 **'시간사+동사1' 구조를 만들자 ◎ 每天早上+去公园**

연동문에서 시간사, 부사, 조동사는 첫 번째 동사 앞에 오므로 '每天早上+去公园+打太极拳'이 된다.

3단계 **주어를 찾자 ◎ 奶奶**

일반적으로 명사나 대사가 주어 역할을 하므로 奶奶가 이 문장의 주어가 된다.

∴ 奶奶每天早上去公园打太极拳。할머니께서 매일 아침 공원으로 태극권을 하러 가신다.

어휘 公园 gōngyuán 명 공원 | 奶奶 nǎinai 명 할머니 | 太极拳 tàijíquán 명 태극권

34 day 중국어의 기본 동사를 활용하라 - 是자문 · 有자문

본책_ 273쪽

정답 1. 这个饺子是我奶奶做的。| 2. 树上有很多鸟。| 3. 我家附近有一条河。| 4. 这是一本很好看的小说。| 5. 我们班的成绩也有很大提高。

1

난이도 中 공략 Key '是……的' 구문

做的　　我奶奶　　这个饺子　　是

공략 (1단계) **술어를 찾자 ➡ 做的**

일반적으로 동사나 형용사가 술어로 쓰이므로 동사 做가 이 문장의 술어가 된다.

(2단계) **'주어를 찾자' 구조를 만들자 ➡ 这个饺子**

일반적으로 명사나 대사가 주어로 쓰이므로 饺子가 주어이고 这个는 주어를 수식하는 관형어가 된다.

(3단계) **'대상+술어' 구조를 만들자 ➡ 我奶奶+做的**

만두를 만든 대상을 강조해주는 '是……的' 구문이므로 '是+我奶奶+做的'가 된다. '是……的' 구문에 맞춰 문장을 완성하면 '这个饺子+是+我奶奶+做+的'가 된다.

∴ 这个饺子是我奶奶做的。이 만두는 할머니께서 만드셨다.

어휘 饺子 jiǎozi 명 만두

2

난이도 中 공략 Key 존재를 나타내는 有자문

树上　　很多　　有　　鸟

공략 (1단계) **술어를 찾자 ➡ 有**

일반적으로 동사나 형용사가 술어로 쓰이므로 동사 有가 이 문장의 술어가 된다.

(2단계) **주어와 목적어를 찾자 ➡ 주어 树上, 목적어 鸟**

존재를 나타내는 有자문에서는 장소를 나타내는 어휘가 주어가 된다. 따라서 树上이 주어, 鸟가 목적어가 된다.

(3단계) **관형어를 찾자 ➡ 很多**

很多는 '매우 많다'라는 의미의 어휘로 구조조사 的 없이 직접적으로 명사를 수식한다. 따라서 '很多+鸟' 순서로 배열한다.

∴ 树上有很多鸟。나무에는 많은 새가 있다.

어휘 ★树 shù 명 나무 | 很多 hěn duō 매우 많다 | ★鸟 niǎo 명 새

3

난이도 中 공략 Key 존재를 나타내는 有자문

有　　我家　　河　　附近　　一条

공략 (1단계) **술어를 찾자 ➡ 有**

일반적으로 동사나 형용사가 술어로 쓰이므로 동사 有가 이 문장의 술어가 된다.

(2단계) **주어와 목적어를 찾자 ➡ 주어 我家附近, 목적어 河**

존재를 나타내는 有자문에서는 장소를 나타내는 어휘가 주어가 된다. 따라서 '我家附近'이 주어, 河가 목적어가 된다.

3단계 **관형어를 찾자 ⊙ 一条**

'수사+양사+명사'의 원리에 의해 '一条+河'가 된다.

∴ 我家附近有一条河。우리 집 근처에는 강이 하나 있다.

어휘 河 hé 명 강, 하천 | ★附近 fùjìn 명 부근, 근처 | ★条 tiáo 양 줄기, 가닥

4 난이도 中 공략 Key 판단을 나타내는 'A是B' 구조

小说　这　很好看的　是　一本

공략 1단계 **술어를 찾자 ⊙ 是**

일반적으로 동사나 형용사가 술어로 쓰이므로 동사 是가 문장의 술어가 된다.

2단계 **주어와 목적어를 찾자 ⊙ 주어 这, 목적어 小说**

술어가 형용사가 아닌 동사이므로 목적어를 갖는다. 의미상 '이것이 소설책이다'라고 해야 자연스러우므로 这가 주어, 小说가 목적어가 된다.

3단계 **관형어를 찾자 ⊙ 一本很好看的**

'수사+양사+명사'의 원리와 명사를 꾸며주는 的를 사용하면 '一本+很好看的+小说'가 된다.

∴ 这是一本很好看的小说。이것은 아주 재미있는 소설책이다.

어휘 ★小说 xiǎoshuō 명 소설 | 好看 hǎokàn 형 훌륭하다, 재미있다 | 本 běn 양 권(책을 세는 단위)

5 난이도 上 공략 Key 소유를 나타내는 有자문

很大　我们班的成绩　提高　有　也

공략 1단계 **술어를 찾자 ⊙ 有**

일반적으로 동사나 형용사가 술어로 쓰이므로 동사 有가 이 문장의 술어가 된다.

2단계 **주어와 목적어를 찾자 ⊙ 주어 我们班的成绩, 목적어 提高**

성적이 향상된 것이므로 成绩가 주어, 提高가 목적어가 되며 '我们班的'는 주어를 수식하는 관형어 역할을 한다.

3단계 **관형어를 찾자 ⊙ 很大**

很大는 '매우 크다'라는 의미의 어휘로 구조조사 的 없이 직접적으로 명사를 수식한다. 따라서 '很大+提高'가 된다.

4단계 **부사어를 찾자 ⊙ 也**

'역시'라는 의미를 나타내는 부사 也는 술어를 수식하는 부사어 역할을 하므로 '也+有'가 된다.

∴ 我们班的成绩也有很大提高。우리 반 성적도 많이 향상되었다.

어휘 班 bān 명 그룹, 반 | ★成绩 chéngjì 명 (일·학업상의) 성적, 성과 | ★提高 tígāo 동 향상시키다 | 也 yě 부 ~도

35 day 알고 보면 만만하다 – 把자문·被자문

본책_ 281쪽

정답 **1.** 请把名字写在这儿。| **2.** 他把车钥匙丢了。| **3.** 我被这个故事感动了。| **4.** 我的大衣刚被妹妹穿走了。| **5.** 我爷爷已经把窗户关了。

1 난이도 上 공략 Key '把+목적어+동사+在+장소' 구조

这儿　　请　　名字　　把　　写在

공략 1단계 **'把+목적어+동사+在+장소' 구조를 만들자 ➡ 把名字+写在这儿**
개사 把는 단독으로 쓰이지 못하기 때문에 명사 名字와 함께 개사구를 이루어 동사 술어를 수식한다. 따라서 '把名字+写在'가 된다.

2단계 **'동사+在+장소' 구조를 만들자 ➡ 把名字+写在+这儿**
把자문의 고정 격식인 '동사+在+장소'에 의해 '把名字+写在+这儿'이 된다.

3단계 **请의 위치 ➡ 请+把名字+写在这儿**
부탁 및 권유를 나타내는 请은 문장 맨 앞에 온다.

∴ 请把名字写在这儿。이름을 여기에 적으세요.

어휘 名字 míngzi 명 이름 | 写 xiě 동 글씨를 쓰다

2 난이도 中 공략 Key 把자문의 기본 문형

车钥匙　　他　　把　　丢了

공략 1단계 **'把+목적어+동사+기타 성분' 구조를 만들자 ➡ 把车钥匙+丢了**
개사 把는 명사 车钥匙와 결합해 개사구를 만들어 술어 '丢了'를 수식하므로 '把车钥匙+丢了'가 된다.

2단계 **주어를 찾자 ➡ 他**
차 열쇠를 잃어버린 사람이 바로 그이므로 他가 이 문장의 주어가 된다.

∴ 他把车钥匙丢了。그는 차 열쇠를 잃어버렸다.

어휘 钥匙 yàoshi 명 열쇠 | ★丢 diū 동 잃다, 잃어버리다

3 난이도 中 공략 Key 被자문의 기본 문형

这个故事　　我　　感动了　　被

공략 1단계 **'被+목적어+동사+기타 성분' 구조를 만들자 ➡ 被这个故事+感动了**
被는 피동문을 만드는 개사로 명사형 어휘와 결합해 개사구를 만들어 동사 술어를 수식한다. 의미상 이 이야기에 감동을 받은 것이므로 '被这个故事+感动了'가 된다.

2단계 **주어를 찾자 ➡ 我**
내가 이 이야기에 감동을 받은 것이므로 我가 이 문장의 주어가 된다.

∴ 我被这个故事感动了。나는 이 이야기에 감동받았다.

어휘 故事 gùshi 명 이야기 | ★感动 gǎndòng 동 감동하다

4

난이도 上 공략 Key 被자문에서 부사의 위치

我的大衣	妹妹	穿走了	刚	被

공략 1단계 **'被+목적어+동사+기타 성분' 구조를 만들자 ◐ 被妹妹+穿走了**

被는 피동문을 만드는 개사로 명사형 어휘와 결합해 개사구를 만들어 동사 술어를 수식한다. 의미상 여동생이 입고 나간 것이므로 '被妹妹+穿走了'가 된다.

2단계 **주어를 찾자 ◐ 我的大衣**

내 외투를 여동생이 입고 나간 것이므로 '我的大衣'가 이 문장의 주어가 된다.

3단계 **부사의 위치를 파악하자 ◐ 刚+被妹妹穿走**

被자문에서 부사와 조동사는 '被+목적어' 앞에 오므로 '刚+被妹妹穿走了'가 된다

∴ 我的大衣刚被妹妹穿走了。내 외투를 방금 여동생이 입고 나갔다.

어휘 大衣 dàyī 명 외투 | 妹妹 mèimei 명 여동생 | 穿 chuān 동 (옷·신발·양말 등을) 입다, 신다 | ★刚 gāng 부 방금, 막

5

난이도 上 공략 Key 把자문에서 부사의 위치

关了	我爷爷	已经	把	窗户

공략 1단계 **'把+목적어+동사+기타 성분' 구조를 만들자 ◐ 把窗户+关了**

개사 把는 단독으로 쓰이지 못하기 때문에 명사 窗户와 함께 개사구를 이루어 동사 술어를 수식한다. 따라서 '把窗户+关了'가 된다.

2단계 **주어를 찾자 ◐ 我爷爷**

창문을 닫은 사람은 바로 할아버지이므로 我爷爷가 주어가 된다.

3단계 **부사의 위치를 파악하자 ◐ 已经+把窗户关了**

把자문에서 부사와 조동사는 '把+목적어' 앞에 오므로 '已经+把窗户关了'가 된다.

∴ 我爷爷已经把窗户关了。저희 할아버지께서 이미 창문을 닫으셨어요.

어휘 关 guān 동 닫다, 끄다 | 爷爷 yéye 명 할아버지 | ★已经 yǐjing 부 이미, 벌써 | ★窗户 chuānghu 명 창문

36 day 존재와 출현을 나타낸다 - 존현문

본책_ 287쪽

정답 1. 前面有一辆红色的车。 | 2. 去年死了很多人。 | 3. 村里发生了一件大事。 | 4. 墙上挂着一张中国地图。 | 5. 街上围着一群人。

1

난이도 中 공략 Key 존재를 나타내는 존현문

红色的车　　一辆　　前面　　有

공략 1단계 **술어를 찾자 ◐ 有**

일반적으로 동사나 형용사가 술어로 쓰이므로 동사 有가 술어가 된다.

2단계 **주어와 목적어를 찾자 ◐ 주어 前面, 목적어 红色的车**

존현문에서 장소나 시간을 나타내는 어휘가 주어로 쓰이므로 前面이 주어이고, 车가 목적어가 된다. '红色的'는 목적어를 수식하고 있다.

3단계 **관형어를 찾자 ◐ 一辆**

'수사+양사+명사'의 원리에 의해 '一辆+红色的+车'가 된다.

∴ 前面有一辆红色的车。 앞에 빨간색 차 한 대가 있다.

어휘 红色 hóngsè 명 붉은색, 빨강 | 辆 liàng 양 대, 량(차량을 세는 단위) | 前面 qiánmian 명 앞, 전면

2

난이도 下 공략 Key 소실을 나타내는 존현문

去年　　人　　死了　　很多

공략 1단계 **술어를 찾자 ◐ 死了**

일반적으로 동사나 형용사가 술어로 쓰이므로 동사 '死了'가 술어가 된다.

2단계 **주어와 목적어를 찾자 ◐ 주어 去年, 목적어 人**

존현문에서 장소나 시간을 나타내는 어휘가 주어로 쓰이므로 去年이 주어이고, 人은 목적어가 된다.

3단계 **관형어를 찾자 ◐ 很多+人**

'매우 많다'라는 의미를 나타내는 很多는 구조조사 的의 도움 없이 직접적으로 명사를 수식하므로 '很多+人'이 된다.

∴ 去年死了很多人。 작년에 많은 사람이 죽었다.

어휘 ★去年 qùnián 명 작년 | 死 sǐ 동 죽다, 생명을 잃다

3

난이도 中 공략 Key 출현을 나타내는 존현문

大事　　一件　　村里　　发生了

공략 1단계 **술어를 찾자 ◐ 发生了**

일반적으로 동사나 형용사가 술어로 쓰이므로 동사 '发生了'가 술어가 된다.

2단계 **주어와 목적어를 찾자 ◐ 주어 村里, 목적어 大事**

존현문에서 장소나 시간을 나타내는 어휘가 주어로 쓰이므로 村里가 주어이고, 大事는 목적어가 된다.

쓰기 제1부분

(3단계) **관형어를 찾자 ➲ 一件**

'수사+양사+명사'의 원리에 의해 '一件+大事'가 된다.

∴ 村里发生了一件大事。마을에서 큰 사건 하나가 발생했다.

어휘 ★大事 dàshì 명 큰일 | 件 jiàn 양 개, 건(일·사건 등을 세는 단위) | 村里 cūnli 마을 | ★发生 fāshēng 동 발생하다

4 난이도 中 공략 Key 존재를 나타내는 존현문

挂着　中国地图　一张　墙上

공략 (1단계) **술어를 찾자 ➲ 挂着**

일반적으로 동사나 형용사가 술어로 쓰이므로 동사 '挂着'가 술어가 된다.

(2단계) **주어와 목적어를 찾자 ➲ 주어 墙上, 목적어 中国地图**

존현문에서 장소나 시간을 나타내는 어휘가 주어로 쓰이므로 '墙上'이 주어이고, 中国地图는 목적어가 된다.

(3단계) **관형어를 찾자 ➲ 一张**

'수사+양사+명사'의 원리에 의해 '一张+中国地图' 순서로 배열된다.

∴ 墙上挂着一张中国地图。벽에 중국 지도 하나가 걸려 있다.

어휘 ★挂 guà 동 (고리·못 따위에) 걸다 | 地图 dìtú 명 지도 | ★墙上 qiángshang 벽 위

5 난이도 中 공략 Key 존재를 나타내는 존현문

围着　一群　街上　人

공략 (1단계) **술어를 찾자 ➲ 围着**

일반적으로 동사나 형용사가 술어로 쓰이므로 동사 '围着'가 술어가 된다.

(2단계) **주어와 목적어를 찾자 ➲ 주어 街上, 목적어 人**

존현문에서 장소나 시간을 나타내는 어휘가 주어로 쓰이므로 街上이 주어이고, 人은 목적어가 된다.

(3단계) **관형어를 찾자 ➲ 一群**

'수사+양사+명사'의 원리에 의해 '一群+人' 순서로 배열된다.

∴ 街上围着一群人。길거리에 많은 사람들이 둘러싸여 있다.

어휘 ★围 wéi 동 둘러싸다, 에워싸다 | 群 qún 양 무리, 떼 | ★街上 jiēshang 명 거리

37 day 비교한 결과에 주목하라 -비교문

본책_ 293쪽

정답 1. 北方比南方更干燥。| 2. 我的意见跟他的一样。| 3. 我的汉语没有她那么好。| 4. 她比我早来了十分钟。| 5. 他的个子比我高得多。

쓰기 제1부분

1 난이도 中 공략 Key 'A+比+B+更+술어' 구조

更　北方　干燥　比南方

공략 (1단계) **'比+B+更+술어' 구조를 만들자 ➡ 比南方＋更＋干燥**

개사 比는 단독으로 쓰일 수 없기 때문에 비교 대상인 명사 南方과 개사구를 이루어 형용사 술어 干燥를 수식한다. 따라서 '比南方+干燥'가 되며, 술어를 강조해주는 부사 更은 술어 앞에 오므로 '比南方+更+干燥'가 된다.

(2단계) **비교 대상을 찾자 ➡ 北方**

북방과 남방의 기후를 비교하고 있으므로 '北方+比南方+更+干燥'가 된다.

∴ 北方比南方更干燥。 북방은 남방보다 더 건조하다.

어휘 更 gèng 부 더욱, 더 | ★干燥 gānzào 형 건조하다

2 난이도 中 공략 Key 'A+跟+B+一样' 구조

一样　他的　我的意见　跟

공략 (1단계) **비교 대상을 찾자 ➡ 我的意见과 他的**

내 의견과 그의 의견을 비교하고 있으므로 비교 대상은 '我的意见'과 '他的(意见)'가 된다.

(2단계) **'A+跟+B+一样' 구조를 만들자 ➡ 我的意见＋跟＋他的＋一样**

두 대상의 동등함을 나타내는 비교문의 기본 형식에 맞춰 문장을 전개하면 '我的意见+跟+他的+一样'이 된다.

∴ 我的意见跟他的一样。 내 의견은 그의 의견과 같다.

어휘 ★意见 yìjiàn 명 견해, 의견

3 난이도 中 공략 Key 'A+没有+B+那么+술어' 구조

没有　她　那么好　我的汉语

공략 (1단계) **비교 대상을 찾자 ➡ 我的汉语와 她**

나와 그녀의 중국어 수준을 비교하고 있으므로 비교 대상은 '我的汉语'와 她(的汉语)가 된다.

(2단계) **'A+没有+B+那么+술어' 순으로 배열하자 ➡ 我的汉语＋没有她＋那么＋好**

没有를 사용한 비교문의 기본 형식 'A+没有+B+(这么/那么)+술어'에 맞춰 문장을 전개하면 '我的汉语+没有+她+那么+好'가 된다.

∴ 我的汉语没有她那么好。 내 중국어 수준은 그녀만큼 그렇게 훌륭하지 못하다.

어휘 那么 nàme 대 그렇게, 저렇게 | 汉语 Hànyǔ 명 중국어

4 난이도 上 공략 Key 'A+比+B+술어+구체적 수치' 구조

早来了	她	十分钟	比我

공략 1단계 **'比+B+술어+구체적인 수치' 구조를 만들자 ➲ 比我＋早来了＋十分钟**

개사 比는 단독으로 쓰일 수 없기 때문에 비교 대상인 대사 我와 함께 개사구를 이루어 술어 '早来了'를 수식한다. 따라서 '比我+早来了' 순서로 배열되며, 구체적인 수치 '十分钟'은 술어 뒤에 온다.

2단계 **비교 대상을 찾자 ➲ 她**

그녀가 나보다 10분 일찍 온 것이므로 '她+比我+早来了+十分钟'이 된다.

∴ 她比我早来了十分钟。그녀는 나보다 10분 일찍 왔다.

어휘 早 zǎo 형 이르다, 빠르다 | 分钟 fēnzhōng 명 분

5 난이도 中 공략 Key 'A+比+B+술어+보어' 구조

高	他的个子	得多	比我

공략 1단계 **'比+B+술어+보어' 구조를 만들자 ➲ 比我＋高＋得多**

개사 比는 단독으로 쓰일 수 없기 때문에 비교 대상인 대사 我와 함께 개사구를 이루어 형용사 술어 高를 수식한다. 따라서 '比我+高'가 되고, 형용사 술어의 정도가 크다는 의미의 보어 '得多'는 술어 뒤에 놓는다.

2단계 **비교 대상을 찾자 ➲ 他的个子**

그의 키와 내 키를 비교하고 있으므로 '他的个子+比我+高+得多'가 된다.

∴ 他的个子比我高得多。그의 키는 나보다 훨씬 크다.

어휘 高 gāo 형 높다, (키가) 크다 | 个子 gèzi 명 (사람의) 키

38 day 다음자(多音字)를 이해하라

본책_ 301쪽

정답 1. 便 2. 觉 3. 教 4. 长 5. 地

1

난이도 中 공략 Key 다음자의 이해

这家的东西又好，价钱又（ 便 pián ）宜，值得买。	이 집의 물건은 좋고 가격도 저렴해서 살 만하다.

공략 便은 'biàn'이라고 발음할 때는 '편리하다'라는 의미이고, 'pián'이라고 발음할 때는 宜과 함께 쓰여 '저렴하다'라는 의미를 나타낸다.

어휘 ★又……又…… yòu……yòu…… ~하기도 하고, ~하기도 하다 | 价钱 jiàqian 명 값, 가격 | ★值得 zhídé 동 ~할 만한 가치가 있다

2

난이도 中 공략 Key 다음자의 이해

他上课的时候，突然（ 觉 jué ）得身体不舒服。	그는 수업할 때 갑자기 몸이 좋지 않음을 느꼈다.

공략 觉는 'jué'라고 발음할 때는 '~라고 여기다'라는 의미이고, 'jiào'라고 발음할 때는 睡와 함께 쓰여 '잠자다'라는 의미를 나타낸다.

어휘 上课 shàngkè 동 수업하다 | ★突然 tūrán 부 갑자기, 문득 | 身体 shēntǐ 명 몸, 신체 | 不舒服 bù shūfu 형 (몸이) 아프다, 불편하다

3

난이도 中 공략 Key 다음자의 이해

我妈妈在学校（ 教 jiāo ）学生英语。	저희 엄마는 학교에서 학생들에게 영어를 가르칩니다.

공략 教의 'jiāo, jiào' 두 발음 모두 '가르치다'라는 의미를 나타낸다. 하지만 'jiào'는 혼자 쓰이기 보다는 '教室, 教师'의 형태의 어휘로 자주 쓰인다.

어휘 学校 xuéxiào 명 학교 | 英语 Yīngyǔ 명 영어

4

난이도 下 공략 Key 다음자의 이해

你的头发太（ 长 cháng ）了，像草一样。	네 머리는 너무 길어서 마치 풀 같아.

공략 长을 'cháng'이라고 발음할 때는 '길다'라는 뜻이고, 'zhǎng'이라고 발음할 때는 '자라다'라는 뜻이다. 여기에서는 머리카락이 긴 것이므로 '길다'라는 의미이다.

어휘 头发 tóufa 명 머리카락 | ★太 tài 부 지나치게, 몹시 | ★像……一样…… xiàng……yíyàng…… ~와 같다 | 草 cǎo 명 풀

5   난이도 中 공략 Key 다음자의 이해

你在中国的时候，都去过哪些（ dì 地 ）方？	너는 중국에 있을 때 어디를 가봤니?

공략 地는 'de'라고 발음할 때는 구조조사로 쓰여 명사를 수식하고, 'dì'라고 발음할 때는 方과 함께 쓰여 '부분, 장소'라는 의미를 나타낸다.

어휘 ……的时候 ……de shíhou ~할 때 | 哪些 nǎxiē 대 어느, 어떤

39 day 발음은 같지만 의미가 다른 한자를 파악하라

본책_ 309쪽

정답 1. 已 2. 像 3. 复 4. 为 5. 近

1   난이도 上 공략 Key 같은 한자로 시작하는 결합 한자 파악

我以前学过法语，现在（ yǐ 已 ）经不学了。	나는 예전에 프랑스어를 배운 적이 있는데, 지금은 이미 배우지 않아.

공략 빈칸은 부정부사 不와 함께 술어 学를 수식하는 부사 자리임을 알 수 있다. 经과 함께 결합하여 부사어로 쓰이는 한자는 已이다. 같은 발음을 나타내는 以와 헷갈리지 않도록 주의하자.

어휘 以前 yǐqián 명 과거, 이전 | 法语 Fǎyǔ 명 프랑스어

2   난이도 中 공략 Key 발음은 같지만 의미가 다른 한자

她是你姐姐？你跟姐姐长得太（ xiàng 像 ）了。	그녀가 너의 언니니? 너와 언니는 아주 많이 닮았구나.

공략 앞뒤 문맥을 통해서 보면, 빈칸에는 두 사람의 외모가 닮았다는 의미의 像이 들어간다. 象, 相, 向 등과 혼동하지 않도록 주의하자.

어휘 长 zhǎng 동 생기다 | ★太 tài 부 대단히, 매우

3   난이도 中 공략 Key 같은 한자로 시작하는 결합 한자 파악

我想看会儿书，（ fù 复 ）习一下。	나는 책을 좀 보면서 복습을 해야겠다.

공략 'fù'라고 발음하는 한자에는 复, 父, 附 등이 있다. 하지만 빈칸 뒤에 있는 习와 함께 쓰여야 하므로 정답은 复이다.

어휘 想 xiǎng 조동 ~하고 싶다 | 一下 yíxià 양 좀 ~하다

4 난이도 上 공략 Key 발음은 같지만 의미가 다른 한자

老师节！这是（ wèi 为 ）老师准备的。	스승의 날! 이것은 선생님을 위해 준비한 것입니다.

공략 빈칸은 명사 老师와 함께 쓰여 동사 准备를 수식하고 있으므로 개사가 와야 한다. 앞뒤 문맥을 통해 빈칸에는 '~을 위해서'라는 의미의 为가 들어가야 함을 알 수 있다. 位, 喂 등과 혼동하지 않도록 주의하자.

어휘 老师节 Lǎoshījié 명 스승의 날 | ★准备 zhǔnbèi 동 준비하다

5 난이도 下 공략 Key 같은 한자로 시작하는 결합 한자 파악

王先生说，公司附（ jìn 近 ）那个宾馆的环境不错。	왕 선생님께서 회사 근처 그 호텔의 환경이 좋다고 하셨다.

공략 'jìn'이라고 발음되는 한자는 近, 进 등이 있다. 하지만 빈칸 앞에 있는 附와 함께 쓰여야 하므로 정답은 近이다.

어휘 公司 gōngsī 명 회사, 직장 | 宾馆 bīnguǎn 명 호텔 | ★环境 huánjìng 명 환경 | 不错 búcuò 형 좋다, 괜찮다

쓰기 제2부분

40 day 혼동하기 쉬운 닮은꼴 한자를 잡아라

본책_ 319쪽

정답 1. 远 2. 日 3. 左 4. 喝 5. 元

1 난이도 中 공략 Key 혼동하기 쉬운 한자

超市离这儿很（ yuǎn 远 ），我们坐出租车去吧。	슈퍼마켓은 여기에서 아주 멀어. 우리 택시 타고 가자.

공략 빈칸은 마트에서 여기까지 두 지점 간의 거리를 나타내고 있으므로, '멀다'라는 의미의 형용사 远이 정답이다.

어휘 超市 chāoshì 명 슈퍼마켓 | ★离 lí 개 ~에서, ~로부터 | 出租车 chūzūchē 명 택시

2 난이도 下 공략 Key 혼동하기 쉬운 한자

妈妈，这是我送您的礼物，祝您生（ rì 日 ）快乐！	엄마, 이건 제가 드리는 선물이에요. 생신 축하드려요!

공략 엄마의 생신을 축하하고 있으므로 빈칸에는 '생일'이라는 어휘 生日의 日를 써야 한다.

어휘 ★送 sòng 동 주다 | 礼物 lǐwù 명 선물 | ★祝 zhù 동 기원하다, 축복하다 | 快乐 kuàilè 형 즐겁다, 행복하다

3 난이도 上 공략 Key 혼동하기 쉬운 한자

不是右边，我说的是（ zuǒ 左 ）边的那个帽子。	오른쪽이 아니야, 내가 말한 건 왼쪽의 그 모자야.

공략 앞 절의 내용을 통해 빈칸에는 오른쪽의 반대인 '왼쪽'이라는 의미의 어휘 左边의 左가 들어가야 한다.

어휘 ★右边 yòubian 명 오른쪽 | 帽子 màozi 명 모자

4 난이도 上 공략 Key 부수를 통해 혼동 어휘 구분

感冒了要多（ hē 喝 ）水，多吃水果。	감기에 걸렸으면 물을 많이 마시고, 과일을 많이 먹어야 해.

공략 빈칸은 목적어 水를 수반하고 'hē'라는 발음을 내는 동사이므로 정답은 '마시다'라는 의미를 나타내는 喝가 된다. 여기서 입과 관련 있는 동작을 나타내는 동사는 부수에 모두 '口(입 구)'가 들어감에 주의하자.

어휘 ★感冒 gǎnmào 동 감기에 걸리다 | 水 shuǐ 명 물 | 水果 shuǐguǒ 명 과일

5 난이도 下 공략 Key 혼동하기 쉬운 한자

一（ yuán 元 ）是10角，一角是10分。	1위안은 10자오이고, 1자오는 10펀이다.

공략 중국의 화폐 단위를 묻고 있다. 10자오는 1위안이므로 빈칸에 元을 써야 한다.

어휘 角 jiǎo 양 자오(중국의 화폐 단위, 元의 10분의 1) | 分 fēn 양 펀(중국의 화폐 단위, 角의 10분의 1)

3급 모의고사 1회 정답

듣기

1. A	2. C	3. B	4. F	5. E	6. B	7. E	8. D	9. A	10. C
11. X	12. X	13. √	14. √	15. √	16. X	17. √	18. √	19. X	20. X
21. C	22. A	23. C	24. A	25. B	26. B	27. C	28. B	29. A	30. A
31. A	32. C	33. B	34. B	35. A	36. C	37. B	38. C	39. B	40. B

독해

41. D	42. B	43. F	44. C	45. A	46. E	47. C	48. A	49. D	50. B
51. D	52. A	53. C	54. B	55. F	56. B	57. A	58. E	59. F	60. C
61. C	62. B	63. B	64. C	65. B	66. A	67. A	68. C	69. A	70. C

쓰기

71. 弟弟对自己画的小狗不太满意。

72. 能吃到妈妈做的菜是一件幸福的事。

73. 外面的雪越下越大。

74. 请把声音放小一点儿。

75. 杯子里的水变颜色了。

76. 为　77. 笑　78. 次　79. 行　80. 又

듣기

▶ Track 13

1

▶ Track 13-01

女：谁到黑板前做一下这道题？
男：老师，我想上去试试。

여: 누가 칠판 앞으로 와서 이 문제를 풀어볼래요?
남: 선생님, 제가 나가서 한번 풀어볼게요.

공략　黑板, 老师를 통해 두 사람은 선생님과 학생임을 알 수 있다. 따라서 여자가 칠판 앞에 서 있는 그림 A가 정답이다.

어휘　★黑板 hēibǎn 명 칠판 | 道 dào 양 문제를 세는 단위 | 题 tí 명 문제 | 试 shì 동 시험하다, 시도하다

2

▶ Track 13-02

男：你看，那只熊猫坐在空调下面一动也不动。
女：看来熊猫也害怕天气热。

남: 봐봐, 저 판다는 에어컨 아래에 앉아서 꼼짝도 하지 않아.
여: 보아하니 판다도 더위를 타는 구나.

공략　熊猫만 들었다면 정답을 쉽게 찾을 수 있다. 판다가 에어컨 아래에 앉아서 꼼짝도 하지 않는다고 했으므로 판다가 제시된 그림 C가 정답이다.

어휘　只 zhī 양 마리 | ★熊猫 xióngmāo 명 판다 | 空调 kōngtiáo 명 에어컨 | 看来 kànlai 부 보아하니 | 也 yě 부 ~도, 역시 | 害怕 hàipà 동 겁내다, 두려워하다 | 天气 tiānqì 명 날씨 | 热 rè 형 덥다

3

▶ Track 13-03

女：你知道这个字怎么读吗？
男：我们还是查一下词典吧。

여: 넌 이 글자를 어떻게 읽는지 아니?
남: 우리 아무래도 사전을 찾아보는 게 좋을 것 같아.

공략　사물의 명칭을 나타내는 词典을 들었다면 정답을 쉽게 찾을 수 있다. 글자를 어떻게 읽는지 아냐는 여자의 질문에 남자가 사전을 찾아보는 게 좋을 것 같다고 했으므로 그림 B가 정답이다.

어휘　怎么 zěnme 대 어떻게 | 读 dú 동 읽다 | ★还是 háishi 부 ~하는 편이 좋다 | ★查 chá 동 찾아보다 | ★词典 cídiǎn 명 사전

4

▶ Track 13-04

男：1分钟以后就该你跳舞了，你准备好了吗？
女：准备好了。

남: 1분 후에 네가 춤을 출 차례야. 준비됐니?
여: 준비됐어요.

공략　동작을 나타내는 동사 跳舞만 들었다면 정답을 쉽게 찾을 수 있다. 1분 후에 여자가 춤을 출 차례라고 했으므로 춤을 추고 있는 그림 F가 정답이다.

어휘　分钟 fēnzhōng 명 분 | 以后 yǐhòu 명 이후 | 就 jiù 부 곧, 바로 | ★该 gāi 동 ~의 차례이다 | ★跳舞 tiàowǔ 동 춤을 추다 | ★准备 zhǔnbèi 동 준비하다

5

▶ Track 13-05

女：我第一次来，有点儿害怕。
男：别担心，你先下水，我教你。

여: 저는 처음 해봐서 조금 무서워요.
남: 걱정 마세요. 먼저 물에 들어가세요. 제가 가르쳐 드릴게요.

공략　남자의 '你先下水，我教你'를 통해서 남자가 여자에게 수영을 가르쳐 줄 것임을 유추해 볼 수 있다. 따라서 남자가 수영을 하고 있는 그림 E가 정답이다.

어휘　第一次 dì-yī cì 명 맨 처음 | 害怕 hàipà 동 겁내다, 두려워하다 | 担心 dānxīn 동 염려하다, 걱정하다 | 先 xiān 부 우선, 먼저 | 教 jiāo 동 가르치다

6

▶ Track 13-06

男：你看什么书呢？那么认真！
女：一本关于中国节日文化的书。

남: 너 무슨 책을 보는데 그렇게 열심히 보니?
여: 중국 명절 문화에 관한 책이야.

공략 남자의 '你看什么书呢?'를 통해 여자가 어떤 책을 보고 있음을 알 수 있다. 따라서 여자가 책을 보고 있는 그림 B가 정답이다.

어휘 ★认真 rènzhēn 형 진지하다, 착실하다 | 关于 guānyú 개 ~에 관하여 | 节日 jiérì 명 명절 | 文化 wénhuà 명 문화

7 ▶ Track 13-07

女：这个箱子太小了，换一个大的吧?
男：大的不能拿上飞机，我少放两件衬衫吧。

여: 이 여행 가방은 너무 작아. 큰 걸로 바꿀까?
남: 큰 건 비행기에 들고 탈 수 없어. 내가 셔츠 두 벌을 뺄게.

공략 여자가 여행 가방이 너무 작아서 큰 걸로 바꿀지 묻고 있으므로, 여행 가방에 짐이 많은 그림 E가 정답이다.

어휘 ★箱子 xiāngzi 명 여행 가방 | 太 tài 부 몹시, 너무 | 换 huàn 동 바꾸다 | 拿 ná 동 가지다 | ★放 fàng 동 넣다 | ★衬衫 chènshān 명 와이셔츠, 셔츠

8 ▶ Track 13-08

男：这双皮鞋怎么样? 跟刚才那双比，哪个好?
女：这个更漂亮，就买这双吧。

남: 이 구두는 어때? 방금 그 구두와 비교하면, 어떤 게 좋아?
여: 이게 더 예뻐. 이걸로 사자.

공략 사물의 명칭을 나타내는 皮鞋만 들었다면 정답을 쉽게 찾을 수 있다. 남자는 여자에게 이 구두와 방금 것을 비교해서 어떤 게 더 좋은지 묻고 있으므로 구두가 있는 그림 D가 정답이다.

어휘 ★皮鞋 píxié 명 구두 | ★刚才 gāngcái 부 방금 | ★更 gèng 부 더욱, 훨씬 | 漂亮 piàoliang 형 예쁘다, 아름답다 | 买 mǎi 동 사다

9 ▶ Track 13-09

女：很久没见到这么大的雪了。
男：是的，今天的雪让我想起了小时候在北方的生活。

여: 이렇게 눈이 많이 내리는 건 오랫동안 못 본 것 같아.
남: 맞아. 오늘 내린 눈은 내가 어릴 적 북방에서 생활했던 걸 떠오르게 하네.

공략 여자의 '很久没见到这么大的雪了'를 통해 눈이 많이 왔음을 알 수 있다. 따라서 많은 눈이 쌓여 있는 그림 A가 정답이다.

어휘 ★雪 xuě 명 눈 | 北方 běifāng 명 북방, 북쪽 | 生活 shēnghuó 명 생활

10 ▶ Track 13-10

男：家里的筷子最好每三个月就换一次。
女：你放心，我已经买好新筷子了。

남: 집에서 쓰는 젓가락은 세 달에 한 번씩 바꿔주는 게 가장 좋아요.
여: 걱정 마세요. 저는 이미 새 젓가락을 샀어요.

공략 사물의 명칭을 나타내는 筷子만 들었다면 정답을 쉽게 찾을 수 있다. 두 사람이 젓가락에 대해 이야기하고 있으므로 그림 C가 정답이다.

어휘 ★筷子 kuàizi 명 젓가락 | 最好 zuìhǎo 부 ~하는 것이 가장 좋다 | 每 měi 대 매, ~마다 | 换 huàn 동 바꾸다 | 次 cì 양 번, 횟수 | ★放心 fàngxīn 동 마음을 놓다, 안심하다 | 已经 yǐjing 부 이미, 벌써

11 ▶ Track 13-11

我的朋友很喜欢体育，他不但跑得快，而且篮球打得也不错。可是他的妈妈希望他学音乐，所以他现在不知道怎么办。

★ 朋友想学音乐。(×)

내 친구는 체육을 아주 좋아한다. 그는 달리기가 빠를 뿐만 아니라 농구도 잘한다. 하지만 그의 어머니는 그가 음악을 공부하기를 원해서 그는 지금 어떻게 해야 할지를 모른다.

★ 친구는 음악을 공부하고 싶어 한다. (×)

공략 친구는 체육을 좋아하고, 그의 어머니가 그에게 음악을 공부하기를 원하는 것이므로 제시된 문장은 녹음 내용과 일치하지 않는다.

어휘 朋友 péngyou 명 친구 | 喜欢 xǐhuan 동 좋아하다 | ★体育 tǐyù 명 체육 | 不但……而且…… búdàn……érqiě…… 접 ~뿐만 아니라 게다가 ~ | 跑 pǎo 동 달리다, 뛰다 | 篮球 lánqiú 명 농구 | ★不错 búcuò 형 좋다, 괜찮다 | 可是 kěshì 접 그러나, 하지만 | 希望 xīwàng 동 희망하다 | 所以 suǒyǐ 접 그래서

12 ▶Track 13-12

这辆自行车是我一年前买的，我很少骑。你需要的话就拿去用吧，别客气。

★ 那辆自行车是新的。(×)

이 자전거는 내가 1년 전에 산 것인데, 나는 거의 타지 않았어. 필요하면 사양하지 말고 가져가서 써.

★ 그 자전거는 새것이다. (×)

공략 첫 번째 문장에 제시된 '这辆自行车是我一年前买的'를 통해서 자전거는 1년 전에 산 것임을 알 수 있다. 따라서 제시된 문장과 녹음 내용은 일치하지 않는다.

어휘 辆 liàng 양 대(자전거나 차를 세는 단위) | 自行车 zìxíngchē 명 자전거 | ★骑 qí 동 타다 | 需要 xūyào 동 필요하다 | 拿 ná 동 가지다

13 ▶Track 13-13

同学们，考试的时候必须要带上护照，还有只能用铅笔答题，听明白了吗?

★ 考试时要带铅笔。(√)

학우 여러분, 시험을 볼 때는 반드시 여권을 챙기고 연필로만 문제를 풀어야 합니다. 이해했나요?

★ 시험을 볼 때 연필을 가지고 가야 한다. (√)

공략 시험을 볼 때 반드시 여권을 챙기고 연필로만 문제를 풀어야 한다고 했으므로 제시된 문장은 녹음 내용과 일치한다.

어휘 ★必须 bìxū 부 반드시 ~해야 한다 | 护照 hùzhào 명 여권 | 铅笔 qiānbǐ 명 연필 | ★答题 dátí 동 문제를 풀다 | 明白 míngbai 동 알다, 이해하다

14 ▶Track 13-14

那个帽子很好看，但是太贵了，要500块钱。我们去别的商店看看吧。

★ 那个帽子卖500元。(√)

그 모자는 예쁘지만, 너무 비싸. 500위안이야. 우리 다른 상점에 가서 좀 보자.

★ 그 모자는 500위안에 판다. (√)

공략 그 모자는 예쁘지만 너무 비싸다고 말하면서 500위안이라고 했으므로, 그 모자는 500위안에 판다라는 문장과 녹음 내용이 일치한다.

어휘 ★帽子 màozi 명 모자 | 贵 guì 형 (가격이) 비싸다 | ★别的 biéde 대 다른 것 | 卖 mài 동 팔다, 판매하다

15 ▶Track 13-15

上个月，我带儿子坐船去旅游，这是他长这么大第一次坐船，他非常高兴，说下次还想坐。

★ 儿子很喜欢坐船。(√)

지난달에 나는 아들을 데리고 배를 타고 여행을 갔다. 아들이 커서 처음 배를 타본 것이어서 아들은 매우 기뻐했고, 다음에 또 타고 싶다고 말했다.

★ 아들은 배를 타는 것을 좋아한다. (√)

공략 아들이 배를 처음 타보고 매우 기뻐했으며, 다음에 또 타고 싶다고 한 말을 통해 아들이 배를 타는 것을 좋아함을 알 수 있다. 따라서 제시된 문장은 녹음 내용과 일치한다.

어휘 ★带 dài 동 이끌다, 데리다 | 坐 zuò 동 (교통수단을) 타다 | 旅游 lǚyóu 동 여행하다 | 第一次 dì-yī cì 명 맨 처음 | 高兴 gāoxìng 형 기쁘다, 즐겁다

16 ▶Track 13-16

我们明天5点出发去爬山，大家今天晚上把需要的东西都准备好。

★ 他们正在爬山。(×)

우리는 내일 5시에 등산하러 갈 거예요. 모두들 오늘 밤에 필요한 물건들을 잘 준비해 두세요.

★ 그들은 지금 등산을 하고 있다. (×)

공략 내일 5시에 등산을 하러 간다고 했으므로, 지금 등산을 하고 있다는 문장과 녹음 내용이 일치하지 않는다.

어휘 出发 chūfā 동 출발하다 | 爬山 páshān 동 등산하다 | 需要 xūyào 동 필요하다 | 东西 dōngxi 명 물건 | ★准备 zhǔnbèi 동 준비하다

17 ▶Track 13-17

那里的香蕉蛋糕非常有名。去那儿玩儿的人一般都会买一些带回来，送给家人或者朋友。

★ 那个地方的香蕉蛋糕很有名。(√)

그곳의 바나나 케이크는 아주 유명하다. 그곳에 놀러 가는 사람들은 보통 바나나 케이크를 사가지고 와서 가족 혹은 친구에게 선물한다.

★ 그 지역의 바나나 케이크는 아주 유명하다. (√)

공략 첫 번째 문장에 제시된 '那里的香蕉蛋糕非常有名'을 통해서 그곳의 바나나 케이크가 아주 유명하다는 것을 알 수 있으므로 제시된 문장과 녹음 내용은 일치한다.

어휘 香蕉 xiāngjiāo 명 바나나 | 蛋糕 dàngāo 명 케이크 | ★有名 yǒumíng 형 유명하다 | 一般 yìbān 형 일반적이다 | 送 sòng 동 주다, 선물하다 | 家人 jiārén 명 가족 | ★或者 huòzhě 접 혹은, 또는

18 ▶Track 13-18

小张是一个很爱干净的人，他每天回家的第一件事就是打扫房间，然后才开始做别的事情。

★ 小张经常打扫房间。(√)

샤오장은 깨끗한 것을 아주 좋아하는 사람이다. 그는 매일 집에 돌아와서 가장 먼저 하는 일이 바로 방을 청소하는 것이며, 그런 후에야 다른 일을 하기 시작한다.

★ 샤오장은 자주 방을 청소한다. (√)

공략 샤오장이 깨끗한 것을 아주 좋아하며, 매일 집에 돌아와서 가장 먼저 방을 청소한다고 했으므로 제시된 문장과 녹음 내용이 일치한다.

어휘 ★干净 gānjìng 형 깨끗하다 | ★打扫 dǎsǎo 동 청소하다 | 房间 fángjiān 명 방 | 然后 ránhòu 접 그런 후에 | 开始 kāishǐ 동 시작하다 | 事情 shìqing 명 일 | 经常 jīngcháng 부 언제나, 늘

19 ▶Track 13-19

他早上一般只吃一个面包，喝一杯牛奶。有时候起床早的话，他会做一杯果汁喝。

★ 他早上只吃一个苹果。(×)

그는 아침에 보통 빵 한 개를 먹고, 우유 한 잔을 마신다. 가끔 아침에 일찍 일어났을 때는 과일 주스 한 잔을 만들어 마신다.

★ 그는 아침에 사과 한 개만 먹는다. (×)

공략 그는 아침에 빵 한 개를 먹고, 우유 한 잔을 마신다라고 했으므로 아침에 사과 한 개만 먹는다는 문장은 녹음 내용과 일치하지 않는다.

어휘 ★只 zhǐ 부 단지, 다만 | 面包 miànbāo 명 빵 | 喝 hē 동 마시다 | 牛奶 niúnǎi 명 우유 | 果汁 guǒzhī 명 과일주스 | 苹果 píngguǒ 명 사과

20 ▶Track 13-20

老马离开北京已经五年了，我们好久没见面了。昨天他打电话说下个月来北京。真希望快点儿见到他。

★ 说话人昨天见了老马。(×)

라오마가 베이징을 떠난 지 벌써 5년이 되었다. 우리는 오랫동안 만나지 못했다. 어제 그가 전화를 걸어와 다음 달에 베이징에 온다고 말했다. 빨리 그를 만나고 싶다.

★ 화자는 어제 라오마를 만났다. (×)

공략 라오마가 어제 전화해서 다음 달에 베이징에 온다고 말한 것이므로 제시된 문장은 녹음 내용과 일치하지 않는다.

어휘 ★离开 líkāi 동 떠나다 | ★已经 yǐjing 부 이미, 벌써 | 好久 hǎojiǔ 형 (시간이) 오래다 | 见面 jiànmiàn 동 만나다 | 打电话 dǎ diànhuà 전화를 걸다, 전화하다 | 希望 xīwàng 동 희망하다, 바라다

21 ▶Track 13-21

女：你搬家了？
男：对，搬到了公司附近。周末有时间来我家玩儿吧。

问：男的让女的周末做什么？

A 去公园
B 听音乐会
C 去家里做客

여: 너 이사했니?
남: 응. 회사 근처로 이사했어. 주말에 시간 있으면 우리 집에 놀러 와.

질문: 남자는 여자에게 주말에 무엇을 하라고 하는가?

A 공원에 가라고
B 음악회를 관람하라고
C 집으로 놀러 오라고

공략 남자의 '周末有时间来我家玩儿吧'라는 문장을 통해서 남자가 여자를 집으로 초대하고 있음을 알 수 있다. 따라서 정답은 C이다.

어휘 搬家 bānjiā 동 이사하다 | 公司 gōngsī 명 회사 | 附近 fùjìn 명 부근, 근처 | 让 ràng 동 ~하게 하다 | 公园 gōngyuán 명 공원 | 音乐会 yīnyuèhuì 명 음악회, 콘서트 | 做客 zuòkè 동 손님이 되다, 방문하다

22 ▶Track 13-22

男：喂？我已经到火车站的出站口了。
女：我刚下火车，马上就出去，你在那儿等我。

问：男的在哪儿等女的？

A 出站口
B 地铁站
C 书店门口

남: 여보세요? 나 이미 기차역 출구에 도착했어.
여: 나 막 기차에서 내렸어. 바로 나갈테니 거기서 좀 기다려.

질문: 남자는 어디에서 여자를 기다리는가?

A 출구
B 지하철역
C 서점 입구

공략 '我已经到火车站的出站口了'라는 말을 통해 남자가 기차역 출구에서 여자를 기다리고 있음을 알 수 있다. 따라서 정답은 A이다.

어휘 喂 wéi 감탄 (전화상에서) 여보세요 | ★已经 yǐjing 부 이미, 벌써 | ★出站口 chūzhànkǒu 명 출구 | 刚 gāng 부 방금, 막 | 马上 mǎshàng 부 곧, 즉시 | 等 děng 동 기다리다 | 门口 ménkǒu 명 입구

23 ▶Track 13-23

女：我们到那边休息一会儿吧。
男：好。你口渴吗？我去买饮料。

问：女的希望怎么样？

A 喝水
B 睡觉
C 休息

여: 우리 저기에 가서 좀 쉬자.
남: 좋아. 목마르니? 내가 가서 음료수를 사올게.

질문: 여자는 어떻게 하길 바라는가?

A 물을 마신다
B 잠을 잔다
C 휴식을 취한다

공략 吧는 추측 및 제안을 나타내는 어기조사로 여자는 남자에게 저기에 가서 좀 쉬자고 제안하고 있다. 여자는 휴식을 취하고 싶어 하므로 정답은 C이다.

어휘 ★休息 xiūxi 동 휴식을 취하다, 쉬다 | 渴 kě 형 목마르다 | 饮料 yǐnliào 명 음료

24 ▶Track 13-24

男：姐，这台冰箱卖3000块钱。
女：还是在网上买吧，网上比这里便宜500块钱。

问：那台冰箱在网上卖多少钱？

A 2500元
B 3000元
C 3500元

남: 누나, 이 냉장고는 3000위안에 팔고 있어.
여: 인터넷에서 사는 게 좋겠어. 인터넷에서는 여기보다 500위안이 저렴해.

질문: 그 냉장고는 인터넷에서 얼마에 판매하고 있는가?

A 2500위안
B 3000위안
C 3500위안

공략 남자는 냉장고가 3000위안에 판매하고 있다고 말했고, 여자는 인터넷에서 구매하는 것이 500위안 더 저렴하다고 말하고 있다. 인터넷에서는 냉장고를 2500위안에 판매하고 있음을 알 수 있으므로 정답은 A이다. 남자의 '3000块钱'만 듣고 정답을 B로 선택하지 않도록 주의한다.

어휘 台 tái 양 대(기계·차량·설비 등을 세는 단위) | ★冰箱 bīngxiāng 명 냉장고 | 卖 mài 동 팔다, 판매하다 | 网上 wǎngshàng 명 온라인, 인터넷

25 ▶Track 13-25

女：奇怪，冰箱里的鸡蛋去哪儿了？
男：只有两个，我中午做鸡蛋面用了。

问：女的觉得什么很奇怪？

A 冰箱坏了
B 鸡蛋不见了
C 面条很好吃

여: 이상하네. 냉장고 안에 계란이 어디 갔지?
남: 두 개 있었는데, 내가 점심에 계란면을 만들 때 썼어.

질문: 여자는 무엇이 이상하다고 생각하는가?

A 냉장고가 고장 난 것
B 계란이 안 보이는 것
C 면이 아주 맛있는 것

공략 여자는 '奇怪，冰箱里的鸡蛋去哪儿了？'라고 말하며 냉장고에 계란이 안 보이는 것을 이상하게 생각하고 있으므로 정답은 B이다.

어휘 ★奇怪 qíguài 형 이상하다 | 冰箱 bīngxiāng 명 냉장고 | 鸡蛋 jīdàn 명 계란 | 坏 huài 동 고장이 나다

26 ▶Track 13-26

男：你父母为什么不同意你去留学？
女：他们不放心我一个人在外面。

问：女的的父母为什么不让她去留学？

A 她太小
B 担心她
C 她身体不好

남: 너희 부모님은 왜 너가 유학 가는 것에 동의하지 않으셔?
여: 부모님은 내가 혼자 외국에 있는 걸 안심하지 못하시거든.

질문: 여자의 부모는 왜 유학을 못 가게 하는가?

A 그녀가 너무 어려서
B 그녀가 걱정돼서
C 그녀가 몸이 좋지 않아서

공략 여자의 '他们不放心我一个人在外面'이라는 말을 통해 부모가 걱정하고 있다는 것을 알 수 있으므로 정답은 B이다.

어휘 父母 fùmǔ 명 부모 | ★同意 tóngyì 동 동의하다, 찬성하다 | 留学 liúxué 동 유학하다 | ★放心 fàngxīn 동 마음을 놓다, 안심하다 | ★担心 dānxīn 동 염려하다, 걱정하다

27 ▶Track 13-27

女：你看我最近是不是瘦了？
男：没发现。你跟以前一样，没什么变化。

问：男的是什么意思？

A 变瘦了
B 胖了很多
C 一点儿也没变

여: 네가 보기에 요즘 나 살이 빠진 것 같아?
남: 잘 모르겠는데. 넌 변한 거 없이 예전이랑 똑같아.

질문: 남자의 의미는 무엇인가?

A 살이 빠졌다
B 살이 많이 쪘다
C 조금도 변하지 않았다

공략 자신이 요즘 살이 빠진 것 같냐는 여자의 물음에 남자는 '你跟以前一样，没什么变化'라고 대답하고 있다. 남자의 말을 통해 여자는 예전과 똑같음을 알 수 있으므로 정답은 C이다.

어휘 最近 zuìjìn 명 요즘 | 瘦 shòu 형 마르다 | 以前 yǐqián 명 과거, 이전 | ★变化 biànhuà 명 변화 | ★胖 pàng 형 뚱뚱하다

28 ▶Track 13-28

男：这张照片上的人是你吗？真年轻！
女：那是十年前我刚上大学的时候照的。

问：那张照片是什么时候照的？

A 去年
B 10年前
C 工作以后

남: 이 사진 속 사람이 너니? 정말 젊구나!
여: 그 사진은 10년 전에 내가 막 대학에 들어갔을 때 찍은 거야.

질문: 그 사진은 언제 찍은 것인가?

A 작년
B 10년 전
C 일한 후

공략 여자의 '那是十年前我刚上大学的时候照的'라는 말을 통해 그 사진은 10년 전에 찍은 것임을 알 수 있다. 따라서 정답은 B이다.

어휘 张 zhāng 양 장(종이를 세는 단위) | 照片 zhàopiàn 명 사진 | 年轻 niánqīng 형 젊다 | 刚 gāng 부 방금, 막 | 照 zhào 동 (사진을) 찍다

29 ▶Track 13-29

女：喂？你声音太小，我听不清楚。你大点儿声！
男：我现在在地铁里，一会儿再打给你吧。

问：男的现在在哪儿？

A 地铁　B 学校　C 超市

여: 여보세요? 너의 목소리가 너무 작아서 잘 안 들려. 크게 좀 말해.
남: 나는 지금 지하철 안에 있어. 잠시 후에 다시 전화할게.

질문: 남자는 지금 어디에 있는가?

A 지하철　B 학교　C 마트

공략 남자의 '我现在在地铁里'라는 말을 통해 남자는 지금 지하철 안에 있음을 알 수 있다. 따라서 정답은 A이다.

어휘 声音 shēngyīn 명 소리, 목소리 | 清楚 qīngchu 형 분명하다, 뚜렷하다 | ★地铁 dìtiě 명 지하철

30 ▶Track 13-30

男：刚才在路上跟你说话的是谁？
女：我忘了给你介绍，他是我的同事，叫张超。

问：女的刚才跟谁说话了？

A 同事　　B 妹妹　　C 同学

남: 방금 길에서 당신과 이야기를 나눈 사람은 누구예요?
여: 제가 소개해드리는 걸 잊었네요. 그는 제 회사 동료 장차오입니다.

질문: 여자는 방금 누구와 이야기를 했는가?

A 회사 동료　　B 여동생　　C 동창

공략 여자의 '他是我的同事，叫张超'를 통해서 여자가 방금 회사 동료와 이야기를 나눴음을 알 수 있다. 따라서 정답은 A이다.

어휘 ★忘 wàng 동 잊다 | ★介绍 jièshào 동 소개하다

31 ▶Track 13-31

女：你觉得自己是一个什么样的人？
男：我很热情，爱帮助别人。
女：那如果你的朋友向你借钱，你会借吗？
男：会，但我会先问问他把钱用在什么地方。

问：男的认为自己是什么样的人？

A 热情
B 安静
C 工作努力

여: 너가 생각하기에 넌 어떤 사람인 것 같아?
남: 난 열정적이고 다른 사람을 돕는 걸 좋아해.
여: 그럼 만약에 네 친구가 너에게 돈을 빌려달라고 하면 빌려줄 거야?
남: 그럼. 하지만 먼저 그에게 돈을 어디에 쓸 건지 물어볼 거야.

질문: 남자는 자신이 어떤 사람이라고 생각하는가?

A 열정적이다
B 조용하다
C 열심히 일한다

공략 남자의 '我很热情'이라는 말을 통해 남자가 열정적이라는 것을 알 수 있으므로 정답은 A이다.

어휘 觉得 juéde 동 ~라고 여기다 | ★热情 rèqíng 형 열정적이다 | 帮助 bāngzhù 동 돕다 | 别人 biéren 대 남, 타인 | 如果 rúguǒ 접 만약, 만일 | 向 xiàng 개 ~에게 | 借钱 jièqián 동 돈을 빌리다 | 先 xiān 부 우선, 먼저 | 安静 ānjìng 형 조용하다 | 努力 nǔlì 동 노력하다

32 ▶Track 13-32

男：这是你的行李箱吗？
女：是我的，怎么了？
男：不好意思，请您打开，我们要检查一下。
女：可是这里面只有几件衣服啊。

问：男的为什么让女的打开行李箱？

A 太重了
B 丢东西了
C 需要检查

남: 이것이 당신의 여행 가방입니까?
여: 제 거예요. 왜 그러세요?
남: 죄송하지만, 가방을 열어주세요. 저희가 검사를 좀 하겠습니다.
여: 하지만 이 안에는 옷 몇 벌 뿐인데요.

질문: 남자는 왜 여자에게 여행 가방을 열라고 하는가?

A 너무 무거워서
B 물건을 잃어버려서
C 검사가 필요해서

공략 남자의 '请您打开，我们要检查一下'라는 말을 통해서 검사가 필요해 여행 가방을 열라고 했음을 알 수 있다. 따라서 정답은 C이다.

어휘 行李箱 xínglixiāng 명 여행 가방 | 打开 dǎkāi 동 열다 | 检查 jiǎnchá 동 검사하다 | 重 zhòng 형 무겁다 | 丢 diū 동 잃다, 잃어버리다 | 需要 xūyào 동 필요하다

33 ▶Track 13-33

女：电影院在三层，我们走上去吧。
男：还是等电梯吧。我的脚有点儿疼。
女：你看，上面写着“电梯坏了”。
男：那我们还是慢慢走上去吧。

问：男的哪儿不舒服？

A 腿疼
B 脚疼
C 头疼

여: 영화관은 3층이야. 우리 걸어서 올라가자.
남: 엘리베이터를 기다리는 게 좋겠어. 내가 발이 조금 아파서.
여: 봐봐, '엘리베이터 고장'이라고 써있잖아.
남: 그럼 우리 천천히 걸어 올라가자.

질문: 남자는 어디가 불편한가?

A 다리가 아프다
B 발이 아프다
C 머리가 아프다

공략 영화관이 3층이니 걸어 올라가자는 여자의 제안에 남자는 '我的脚有点儿疼'이라고 말하고 있다. 남자의 말을 통해 남자의 발이 아프다는 것을 알 수 있으므로 정답은 B이다. 보기 A의 腿와 헷갈리지 않도록 주의하자.

어휘 电影院 diànyǐngyuàn 명 영화관 | 层 céng 양 층 | ★电梯 diàntī 명 엘리베이터 | ★脚 jiǎo 명 발 | 有点儿 yǒudiǎnr 부 조금, 약간 | 疼 téng 형 아프다

34 ▶Track 13-34

男：我记得你不喜欢裙子啊？
女：这是妹妹送给我的，她让我一定要穿。
男：挺不错的，你以后可以试试常穿裙子。
女：谢谢，不过我不太习惯。

问：男的觉得女的穿裙子怎么样？

A 可爱
B 好看
C 看起来瘦

남: 난 네가 치마를 안 좋아하는 걸로 기억하는데?
여: 이 치마는 여동생이 내게 선물해 준 거야. 여동생이 꼭 입으라고 했어.
남: 예쁘다. 앞으로 치마를 자주 입는 것도 좋을 것 같아.
여: 고마워. 하지만 난 아직 적응이 안 됐어.

질문: 남자는 여자가 입은 치마가 어떻다고 생각하는가?

A 귀엽다
B 예쁘다
C 말라 보인다

공략 不错는 '좋다, 괜찮다'라는 의미의 형용사이다. '挺不错的'를 통해 남자는 여자가 입은 치마가 예쁘다고 생각함을 알 수 있으므로 정답은 B이다.

어휘 裙子 qúnzi 명 치마, 스커트 | ★不错 búcuò 형 좋다, 괜찮다 | ★试 shì 동 시도하다 | 不过 búguò 접 그런데, 그러나 | 习惯 xíguàn 동 습관이 되다, 익숙해지다 | 觉得 juéde 동 ~라고 여기다 | 可爱 kě'ài 형 귀엽다, 사랑스럽다

35 ▶Track 13-35

女：请问，这路车到市图书馆吗？
男：到，你上车刷卡吧。
女：不好意思，到站的时候你能告诉我一下吗？
男：没问题，车要开了，请您坐好。

问：男的最可能是做什么的？

A 司机
B 校长
C 运动员

여: 이 버스는 시립 도서관에 가나요?
남: 갑니다. 버스에 타고 카드를 찍으세요.
여: 죄송하지만, 정류장에 도착하면 제게 알려주실 수 있나요?
남: 문제없습니다. 출발해야 하니 앉으세요.

질문: 남자는 무엇을 하는 사람인가?

A 기사
B 교장 선생님
C 운동선수

공략 '车要开了，请您坐好'라는 말을 통해서 남자가 버스 기사임을 알 수 있다. 따라서 정답은 A이다.

어휘 路 lù 양 (버스) 노선 | 图书馆 túshūguǎn 명 도서관 | 刷卡 shuākǎ 카드를 긁다, 카드로 결제하다 | 告诉 gàosu 동 말하다, 알리다 | 司机 sījī 명 기사, 운전사 | 校长 xiàozhǎng 명 교장 선생님 | 运动员 yùndòngyuán 명 운동선수

36 ▶Track 13-36

男：外面还在下雨吗?
女：是，虽然变小了，但是还在下。你要出去吗?
男：我一会儿要和朋友去骑车，也不知道能不能骑。
女：明天吧! 明天天气可能好一些。

问：男的想去做什么?

A 旅游
B 跑步
C 骑车

남: 밖에 아직도 비가 와?
여: 응. 비가 약해지기는 했지만 아직 내려. 너 나가려고?
남: 이따가 친구랑 자전거 타러 가려고 하는데, 탈 수 있을지 모르겠어.
여: 내일 해. 내일은 아마 날씨가 좀 좋아질 거야.

질문: 남자는 무엇을 하러 가려고 하는가?

A 여행하러
B 조깅하러
C 자전거 타러

공략 나가려고 하냐는 여자의 질문에 남자는 '我一会儿要和朋友去骑车'라고 대답했으므로 정답은 C이다.

어휘 虽然……但是…… suīrán……dànshì…… 접 비록 ~이지만 ~하다 | 变 biàn 동 바뀌다, 변화하다 | ★骑 qí 동 타다 | 可能 kěnéng 부 아마도, 아마 | 旅游 lǚyóu 동 여행하다 | 跑步 pǎobù 동 달리다

37 ▶Track 13-37

女：你下个月就要回去了? 时间过得真快!
男：是啊。真不想现在就离开北京。
女：你什么时候再来?
男：明年秋天，希望那时北京的空气会变好。

问：男的不想怎么样?

A 再见面
B 离开北京
C 去北京留学

여: 넌 다음 달에 돌아가지? 시간이 진짜 빠르네.
남: 그러게. 정말 지금 베이징을 떠나고 싶지 않아.
여: 너는 언제 다시 오니?
남: 내년 가을에. 그때는 베이징의 공기가 좋아졌으면 해.

질문: 남자는 어떻게 하고 싶지 않은가?

A 다시 만나고 싶지 않다
B 베이징을 떠나고 싶지 않다
C 베이징으로 유학을 가고 싶지 않다

공략 离开는 어떤 장소로부터 '떠나다'라는 의미의 동사이다. '真不想现在就离开北京'을 통해서 남자가 베이징을 떠나고 싶어 하지 않음을 알 수 있으므로 정답은 B이다.

어휘 ★离开 líkāi 동 떠나다 | 希望 xīwàng 동 희망하다, 바라다 | 空气 kōngqì 명 공기 | 变 biàn 동 변하다 | 留学 liúxué 동 유학하다

38 ▶Track 13-38

男：妈妈，我们现在是在天上吗?
女：是啊，飞机正带着我们向天上飞呢。
男：那我为什么没看见小鸟呢?
女：外面太冷了，小鸟都回家休息了。

问：根据对话，可以知道什么?

A 现在是晚上
B 小鸟飞得慢
C 飞机起飞了

남: 엄마, 우리 지금 하늘 위에 있는 거예요?
여: 그래. 비행기가 우리를 데리고 하늘을 날고 있네.
남: 그런데 저는 왜 새를 볼 수 없어요?
여: 밖이 너무 추워서 새들이 모두 집으로 쉬러 갔어.

질문: 대화를 근거로 알 수 있는 것은?

A 지금은 저녁이다
B 새가 느리게 난다
C 비행기가 이륙했다

공략 '飞机正带着我们向天上飞呢'라는 말을 통해서 비행기가 지금 이륙해서 하늘을 날고 있음을 알 수 있다. 따라서 정답은 C이다.

어휘 ★带 dài 동 이끌다, 데리다 | 向 xiàng 개 ~을 향하여 | 飞 fēi 동 날다 | 看见 kànjiàn 동 보다, 보이다 | ★起飞 qǐfēi 동 (비행기가) 이륙하다

39

▶Track 13-39

女：你听说过“飞毛腿”这个词吗？
男：当然。小时候爷爷总是叫我“飞毛腿”。
女：真的吗？那是什么意思？
男：意思是说一个人跑得非常快。

问：“飞毛腿”是什么意思？

A 爱运动
B 跑得快
C 很便宜

여: 넌 '飞毛腿'라는 단어를 들어본 적 있니?
남: 당연하지. 어렸을 때 할아버지가 항상 나를 '飞毛腿'라고 불렀어.
여: 정말? 무슨 뜻이야?
남: 달리기가 빠르다는 의미야.

질문: '飞毛腿'는 무슨 뜻인가?

A 운동을 좋아한다
B 빨리 달린다
C 아주 저렴하다

공략 어렸을 때 할아버지가 항상 飞毛腿라고 불렀는데, 飞毛腿는 달리기가 빠르다는 의미이므로 정답은 B이다.

어휘 飞毛腿 fēimáotuǐ 명 빨리 달리는 사람 | 意思 yìsi 명 의미, 뜻 | 爱 ài 동 좋아하다

40

▶Track 13-40

男：今天晚上吃什么？
女：家里什么吃的都没有了。
男：那我们去楼下的面馆儿吃点儿吧。
女：行，吃完以后再去超市买点儿东西。

问：他们打算在哪儿吃晚饭？

A 家里
B 楼下
C 超市附近

남: 오늘 저녁에 뭐 먹지?
여: 집에 먹을 게 아무것도 없어.
남: 그럼 우리 아래층 국수집에 가서 먹자.
여: 좋아. 다 먹고 마트에 가서 먹을 걸 좀 사자.

질문: 그들은 어디에서 저녁을 먹을 계획인가?

A 집 안
B 아래층
C 마트 근처

공략 남자의 '那我们去楼下的面馆儿吃点儿吧'를 통해서 두 사람이 아래층에서 저녁을 먹기로 했으므로 정답은 B이다.

어휘 ★楼下 lóuxià 명 아래층 | 面馆儿 miànguǎnr 명 국수집, 분식집 | 超市 chāoshì 명 슈퍼마켓, 마트 | 东西 dōngxi 명 물건 | 附近 fùjìn 명 부근, 근처

독해

41

A: [D] 네 얼굴이 왜 이렇게 빨개? 몸이 안 좋아?
B: 열이 나서 그런 것 같아. 계속 추워.

공략 문제에서 '열이 나다'라는 뜻의 发烧를 보고 병이나 증상과 관련된 문장을 골라야 한다. 따라서 몸이 안 좋은지를 묻고 있는 D가 정답이 된다.

어휘 脸 liǎn 명 얼굴 | 红 hóng 형 붉다, 빨갛다 | 可能 kěnéng 부 아마도, 아마 | ★发烧 fāshāo 동 열이 나다 | 一直 yìzhí 부 줄곧, 내내 | 觉得 juéde 동 ~라고 여기다

42

A: [B] 지금 이메일을 보낼 수 있니?
B: 할 수 없어. 컴퓨터에 여전히 문제가 있어.

공략 문제에서 컴퓨터라는 뜻의 电脑를 보고 컴퓨터와 관련된 문장을 정답으로 골라야 한다. 따라서 지금 이메일을 보낼 수 있냐는 B가 정답이 된다.

어휘 电子邮件 diànzǐ yóujiàn 명 이메일, 전자 우편 | ★电脑 diànnǎo 명 컴퓨터 | 有问题 yǒu wèntí 문제가 있다

43

A: 우리 지금 학교로 축구 하러 갈건데, 갈래?
B: [F] 난 가기 싫어. 너희들끼리 잘 놀아.

공략 문제에서 축구 하러 갈건지 의사를 묻고 있으므로, 가기 싫다고 답하고 있는 F가 정답으로 적절하다.

어휘 ★踢足球 tī zúqiú 축구를 하다

44

A: [C] 피곤하니? 우리 여기에서 좀 쉬자!
B: 괜찮아. 곧 집에 도착하는 걸.

공략 문제에서 괜찮다며 거절하고 있으므로 권유하는 표현에 대한 대답임을 알 수 있다. 따라서 여기에서 좀 쉬자고 권유하는 C가 정답으로 적절하다.

어휘 ★累 lèi 형 지치다, 피곤하다 | ★马上 mǎshàng 부 곧, 즉시 | 到 dào 동 도달하다, 도착하다

45

A: 이번 역사 시험 문제는 어려웠어?
B: [A] 내 생각에는 괜찮았어. 지난달보다 쉬웠어.

공략 문제에서 시험이 어려웠는지를 묻고 있으므로, 쉬운지 어려운지에 대해 대답하는 문장을 찾아야 한다. 따라서 지난달보다 쉽다고 대답하는 A가 정답이다.

어휘 历史 lìshǐ 명 역사 | 考试 kǎoshì 명 시험 | 题 tí 명 문제 | 难 nán 형 어렵다 | ★比 bǐ 개 ~에 비해, ~보다 | ★简单 jiǎndān 형 간단하다

46

A: 너는 언제 결혼할 생각이야?
B: [E] 나에 대해 말하자면, 지금 일이 1순위이고, 다른 것은 모두 중요하지 않아.

공략 문제에서 언제 결혼할 생각인지를 묻고 있으므로, 일이 1순위이고 다른 것은 중요하지 않다고 말하는 E가 정답으로 적절하다.

어휘 打算 dǎsuan 동 ~할 생각이다 | ★结婚 jiéhūn 동 결혼하다 | 第一 dì-yī 수 처음, 제1 | ★其他 qítā 대 기타, 다른 것 | 重要 zhòngyào 형 중요하다

47

A: [C] 왕 교장 선생님, 여기 날씨에 적응을 못 하셨죠?
B: 맞아요. 남방의 여름은 너무 더워요!

공략 남방의 여름이 너무 덥다는 문제를 통해서 날씨와 관련된 문장을 정답으로 찾아야 하므로 C가 정답으로 적절하다.

어휘 校长 xiàozhǎng 명 교장 선생님 | 习惯 xíguàn 명 버릇, 습관 | 南方 nánfāng 명 남방, 남쪽 | ★夏天 xiàtiān 명 여름 | 太 tài 부 대단히, 매우 | ★热 rè 형 덥다

48

나와 샤오마의 취미는 똑같아. [A] **그림 그리는 걸 좋아할 뿐만 아니라 달리기도 좋아해.**

공략 문제에서 취미를 뜻하는 爱好가 있으므로 취미와 관련된 내용이 이어질 것임을 유추해 볼 수 있다. 따라서 画画儿, 跑步가 제시된 A가 정답으로 적절하다.

어휘 ★爱好 àihào 명 취미, 애호 | 不但……而且…… búdàn……érqiě…… 접 ~뿐만 아니라 게다가 ~ | 画画儿 huàhuàr 그림을 그리다 | 跑步 pǎobù 동 달리다

49

A: [D] **어떻게 됐어요? 점심에 황 사장님을 만났나요?**

B: 아니요. 제가 그에게 전화를 했는데, 그가 우리 회의에 참석하는 것에 동의하셨어요.

공략 문제에서 没有는 황 사장님을 만났냐는 질문에 대한 대답이고, 인칭대사 他가 가리키는 대상이 바로 黄经理이므로 D가 정답으로 적절하다.

어휘 经理 jīnglǐ 명 사장 | 打电话 dǎ diànhuà 전화를 걸다, 전화하다 | ★同意 tóngyì 동 동의하다, 찬성하다 | 参加 cānjiā 동 참석하다 | 会议 huìyì 명 회의

50

A: 이런 꽃은 많은 물이 필요하지는 않지만, 햇빛을 좋아해요.

B: [B] **그럼 꽃을 밖에 두어요.**

공략 문제에서 这种花에 대해서 이야기하고 있고, 它가 가리키는 대상이 바로 这种花이므로 B가 정답으로 적절하다. 또한, 내용상 햇빛을 좋아한다고 했으므로, 꽃을 밖에 두자고 한 B가 적절하다.

어휘 需要 xūyào 동 필요하다 | ★太阳 tàiyáng 명 햇빛, 일광 | 搬 bān 동 옮기다

[51-55]

A 到 dào 개 ~까지
B 打算 dǎsuan 동 ~할 생각이다
C 站 zhàn 동 서다
D 突然 tūrán 형 갑작스럽다, 뜻밖이다
E 声音 shēngyīn 명 목소리
F 其实 qíshí 부 사실은

51

이렇게 빨리 출국해? 너무 (D 갑작스럽다).

공략 '太……了'는 '너무 ~하다'라는 의미로, 빈칸은 형용사 자리이다. 예상한 것보다 빨리 출국한다는 의미이므로, 빈칸에 갑작스럽다라는 의미의 突然이 정답이 된다.

어휘 快 kuài 형 빠르다 | 出国 chūguó 동 출국하다

52

여기에서 공항(A 까지) 그다지 멀지 않아요.

공략 빈칸은 从과 함께 쓰여 여기에서 공항까지의 거리가 어떤지를 나타낼 수 있는 개사가 와야 한다. 따라서 '~까지'라는 의미를 나타내는 개사 到가 정답이 된다.

어휘 ★从 cóng 개 ~에서 | 机场 jīchǎng 명 공항 | 远 yuǎn 형 멀다

53

(C 서) 있지 말고 의자에 앉아. 내가 사진을 찍어 줄게.

공략 '~하지 마라'라는 의미의 别를 사용하여 어떤 행동을 하지 말고 의자에 앉으라고 했으므로 坐와 반대되는 의미의 站이 정답으로 적절하다.

어휘 椅子 yǐzi 명 의자 | 照相 zhàoxiàng 동 사진을 찍다 | 张 zhāng 양 장(종이를 세는 단위)

54

나는 친구와 함께 수영하러 갈 (B 생각이다).

공략 빈칸은 개사구 '和朋友' 앞에 위치하므로, 부사 혹은 조동사 자리임을 알 수 있다. 의미적으로 친구와 수영하러 가려고 한 것이므로 '~할 생각이다, 계획이다'라는 打算이 정답이 된다.

어휘 一起 yìqǐ 부 같이, 함께 | 游泳 yóuyǒng 동 수영하다

55

학생에게 있어서, 성적은 아주 중요하다. 하지만, (F 사실) 가장 중요한 것은 즐거움이다.

공략 빈칸은 주어 앞에 위치해 있으므로 부사 자리임을 알 수 있다. 따라서 부사 其实가 정답이다.

어휘 成绩 chéngjì 명 성적 | 重要 zhòngyào 형 중요하다 | 快乐 kuàilè 형 즐겁다, 행복하다

[56-60]

A 相信 xiāngxìn 동 믿다
B 除了 chúle 접 ~외에 또, ~외에 ~도
C 饿 è 형 배고프다
D 爱好 àihào 명 취미, 애호
E 关系 guānxi 명 관련, 관계
F 需要 xūyào 동 필요하다

56

A: 왜 텔레비전을 보지 않니?
B: 뉴스 (B 외에) 다른 프로그램이 없어.

공략 의미적으로 뉴스 이외에 다른 프로그램이 없다는 말이 적절하므로 정답은 B이다.

어휘 新闻 xīnwén 명 뉴스 | 节目 jiémù 명 프로그램

57

A: 시합이 곧 시작해, 기분이 어때?
B: 좋아. 난 좋은 성적을 얻을 거라고 (A 믿어).

공략 빈칸 뒤에는 '我会得到一个好成绩'라는 목적절이 있으므로 빈칸은 동사 자리임을 알 수 있다. 의미적으로 좋은 성적을 얻을 거라고 믿고 있으므로 '믿다'라는 뜻의 동사 相信이 정답이다.

어휘 比赛 bǐsài 명 시합 | 马上 mǎshàng 부 곧, 즉시 | 开始 kāishǐ 동 시작하다 | 心情 xīnqíng 명 마음, 기분 | 得到 dédào 동 받다 | 成绩 chéngjì 명 성적

58

A: 아이의 습관이 좋고 나쁨은 부모의 습관과 큰 (E 관련)이 있어.
B: 나도 네 말이 맞다고 생각해.

공략 빈칸은 술어 有 뒤에 위치하므로 목적어 자리임을 알 수 있다. 跟……有关系는 '~와 관련이 있다'라는 의미로 자주 호응하여 쓰인다. 또한, 의미적으로 아이의 습관이 좋고 나쁨은 부모의 습관과 관련이 있다는 내용이 적절하므로 정답은 E이다.

어휘
习惯 xíguàn 명 버릇, 습관 | 觉得 juéde 동 ~라고 여기다

59

A: 이 일을 완수할 수 있나요?
B: 문제없어요. 3일 정도 (F 필요해요).

공략 빈칸 뒤에 '三天'이라는 목적어가 있으므로, 빈칸에는 동사가 와야 한다. 의미적으로 일을 완수하는 데 3일이 필요한 것이므로 정답은 需要가 된다.

어휘 ★完成 wánchéng 동 (예정대로) 끝내다, 완수하다 | 工作 gōngzuò 명 일

60

A: 정말 (C 배고파). 그런데 냉장고에 아무것도 없어.
B: 우리 전화해서 먹을 걸 주문하자.

공략 好는 형용사나 동사 앞에 위치하여 정도를 강조하므로, 빈칸은 형용사 또는 동사 자리임을 알 수 있다. 의미적으로 먹을 걸 주문하자고 했으므로 배가 고픈 상태임을 알 수 있다. 따라서 정답은 C이다.

어휘 冰箱 bīngxiāng 명 냉장고 | 打电话 dǎ diànhuà 전화를 걸다, 전화하다 | 叫 jiào 동 부르다, 불러 오다

61

비록 일은 바쁘지만, 그는 매년 며칠 동안 여행을 간다. 왜냐하면 그는 여행이 세계에 대해 새로운 인식과 발견을 하게 해준다고 생각하기 때문이다.

★ 그가 생각하기에 여행은?

A 친구를 사귈 수 있다
B 쉴 수 있다
C 새로운 발견을 하게 해준다

공략 마지막 문장 '他认为旅游可以让人对世界有新的认识和发现'을 통해서 정답이 C임을 알 수 있다.

어휘 虽然……但是…… suīrán……dànshì…… 접 비록 ~이지만 ~하다 | 忙 máng 형 바쁘다 | 花 huā 동 (시간을) 쓰다, 소비하다 | 旅游 lǚyóu 동 여행하다 | 因为 yīnwèi 접 ~때문에, ~에 의하여 | 认为 rènwéi 동 여기다, 생각하다 | 认识 rènshi 명 인식 | ★发现 fāxiàn 명 발견 | 交朋友 jiāo péngyou 친구를 사귀다 | 休息 xiūxi 동 휴식을 취하다, 쉬다

62

어떤 일을 하든지 조급해하면 안 된다. 특히, 문제에 직면했을 때에는 조급해하면 안 된다. 마음을 차분히 해야만 올바른 해결 방법을 찾을 수 있다.

★ 문제에 직면했을 때에는?

A 다른 사람에게 도움을 청한다
B 조급해하면 안 된다
C 모두 함께 방법을 생각한다

공략 첫 문장인 '做什么事情都不要着急，特别是遇到问题的时候'를 통해 문제에 직면했을 때 조급해하면 안 된다고 했으므로 정답은 B이다.

어휘 事情 shìqing 명 일 | 着急 zháojí 동 조급해하다 | 特别 tèbié 부 특히, 더욱 | 遇到 yùdào 동 만나다, 부딪치다 | 问题 wèntí 명 문제 | 只有……才…… zhǐyǒu……cái…… 접 ~해야만 비로소 ~이다 | 正确 zhèngquè 형 정확하다, 올바르다 | ★解决 jiějué 동 해결하다, 풀다 | 办法 bànfǎ 명 방법 | 帮忙 bāngmáng 동 일을 돕다, 도움을 주다

63

우리가 있는 그곳의 환경은 아주 좋아요. 매우 조용하고, 거리도 아주 깨끗합니다. 옆에는 강이 하나 있는데, 매일 밤 많은 사람들이 강가에서 산책합니다.

★ 그곳은?

A 조용하지 않다
B 환경이 매우 좋다
C 그다지 깨끗하지 않다

공략 문제에서 언급한 '那个地方'은 바로 '那里'를 의미한다. 따라서 문제에서 언급한 장소 어휘가 있는 문장인 '我们那里的环境很不错，很安静，街道也很干净'을 통해서 그곳의 환경이 아주 좋음을 알 수 있으므로 정답은 B가 된다.

어휘 环境 huánjìng 명 환경 | ★不错 búcuò 형 좋다, 괜찮다 | ★安静 ānjìng 형 조용하다 | 街道 jiēdào 명 거리 | ★干净 gānjìng 형 깨끗하다 | 旁边 pángbiān 명 근처, 부근 | 河边 hébiān 명 강변, 강가 | 散步 sànbù 동 산책하다

64

오늘 할머니가 전화를 걸어 휴대 전화를 잃어버렸다고 말씀하셨다. 나는 처음에 매우 걱정했다. 그러나 나중에 할머니가 휴대 전화로 내게 전화를 걸고 있음을 발견했다.

★ 할머니는?

A 병이 났다
B 운동을 좋아한다
C 휴대 전화를 잃어버리지 않았다

공략

처음에 할머니가 휴대 전화를 잃어버렸다고 했지만, 나중에 할머니가 휴대 전화로 전화를 하고 있음을 알았으므로 할머니가 휴대 전화를 잃어버린 것이 아님을 알 수 있다. 따라서 정답은 C이다.

어휘 手机 shǒujī 명 휴대 전화 | 弄丢 nòngdiū 동 잃어버리다 | 开始 kāishǐ 명 처음 | 担心 dānxīn 동 염려하다, 걱정하다 | ★发现 fāxiàn 동 발견하다, 알아차리다 | 正在 zhèngzài 부 지금 ~하고 있다 | 生病 shēngbìng 동 병이 나다

65

우리는 연습을 하겠습니다. 칠판에 있는 이 사진을 보고, 이것과 관련있는 한 단락의 글을 쓰세요. 수업이 끝나기 전에 제출하세요. 지금 시작하세요.

★ 이 글을 근거로 화자는?

A 사장님이다
B 선생님이다
C 학생이다

공략 칠판에 있는 사진을 보고, 관련있는 한 단락의 글을 써서 수업이 끝나기 전에 제출하라는 화자의 말을 통해 화자의 직업이 선생님임을 알 수 있다. 따라서 정답은 B이다.

어휘 练习 liànxí 명 연습 문제 | ★黑板 hēibǎn 명 칠판 | 照片 zhàopiàn 명 사진 | 然后 ránhòu 접 그런 후에 | 下课 xiàkè 동 수업이 끝나다 | ★交 jiāo 동 내다, 제출하다

66

네가 주문한 음식이 너무 적어. 내가 두 가지 음식을 더 주문할게. 우리 양고기를 주문하는 건 어때? 이 식당의 양고기는 아주 맛있어.

★ 왜 주문을 더 하려고 하는가?

A 음식이 많지 않아서
B 사람이 아주 많아서
C 양고기가 아주 저렴해서

공략 첫 번째 문장인 '你点的菜太少了'를 통해 주문한 음식이 너무 적어 음식을 더 주문하려고 함을 알 수 있으므로 A가 정답으로 적절하다.

어휘 ★点菜 diǎncài 동 요리를 주문하다 | 羊肉 yángròu 명 양고기 | 饭馆儿 fànguǎnr 명 식당, 음식점 | 好吃 hǎochī 형 맛있다

67

중국은 계절에 따라 많은 학교의 하교 시간이 다르다. 가을과 겨울에는 일반적으로 봄이나 여름보다 하교 시간이 1시간 이르다.

★ 가을과 겨울에 학교는?

A 수업이 일찍 끝난다
B 8시에 수업을 시작한다
C 오후에 쉰다

공략 질문의 핵심 어휘는 秋冬季이다. 핵심 어휘가 있는 문장 '秋冬季一般要比春夏季的放学时间早一个小时'를 통해서 가을과 겨울에 수업이 한 시간 일찍 끝남을 알 수 있으므로 정답은 A이다.

어휘 ★季节 jìjié 명 계절 | 放学 fàngxué 동 수업을 마치다, 하교하다 | 一般 yìbān 형 일반적이다 | ★比 bǐ 개 ~에 비해, ~보다

68

매일 아침 많은 회사 동료들이 아침밥을 사무실로 가져와서 먹는다. 어떤 아침밥은 냄새가 심해, 사무실 환경에 영향을 미친다. 나는 모두가 밖에서 다 먹은 후에 사무실로 들어오기를 바란다.

★ 화자가 동의하지 않는 것은?

A 맥주를 마시는 것
B 큰 소리로 말하는 것
C 사무실에서 식사하는 것

공략 회사 동료들이 아침밥을 사무실로 가져와서 먹는데 사무실 환경에 안 좋은 영향을 미치므로, 화자는 모두가 밖에서 아침을 먹은 후에 들어오길 바라고 있다. 따라서 화자는 회사 동료들이 사무실에서 식사하는 것을 원치 않으므로 정답은 C이다.

어휘 ★带 dài 동 (몸에) 지니다 | 办公室 bàngōngshì 명 사무실 | 味道 wèidao 명 냄새 | ★影响 yǐngxiǎng 동 영향을 주다 | 环境 huánjìng 명 환경 | 希望 xīwàng 동 희망하다 | 啤酒 píjiǔ 명 맥주

69

샤오왕은 비록 일한 시간은 아주 짧지만, 그는 일을 매우 열심히 한다. 그는 매일 발생한 문제를 적어두었다가, 기회가 생기면 다른 사람에게 물어본다. 1년이 지나자, 그는 업무를 점점 더 잘하게 되었다.

★ 샤오왕은 어떠한 사람인가?

A 착실하다
B 똑똑하다
C 열정적이다

공략 인물의 평가를 나타내는 핵심 문장인 '虽然工作的时间很短，但是他做事非常认真'을 통해서 그가 일한 시간은 짧지만 일을 아주 열심히 한다는 것을 알 수 있으므로 정답은 A가 된다.

어휘 工作 gōngzuò 동 일하다 | 时间 shíjiān 명 시간 | ★短 duǎn 형 (시간적 거리가) 짧다 | 做事 zuòshì 동 일을 하다 | ★认真 rènzhēn 형 진지하다, 착실하다 | 遇到 yùdào 동 만나다, 부딪치다 | 问题 wèntí 명 문제 | ★机会 jīhuì 명 기회 | ★越来越 yuèláiyuè 점점 ~해진다 | ★热情 rèqíng 형 열정적이다

70

오래 전, 한 사람이 매일 산에 가서 꽃과 풀을 찾고 집으로 돌아와 먹어 보았다. 그는 어떤 화초들을 약으로 먹을 수 있고, 어떤 화초들을 먹을 수 없는지 기록한 후 사람들에게 알려주었다.

★ 그 사람은?

A 나쁜 사람을 만났다
B 사람들을 진찰했다
C 화초를 먹어 보았다

공략 첫 번째 문장의 '有一个人每天去山里找花和草，回家以后试吃'를 통해 화초를 시험 삼아 먹어 봤음을 알 수 있으므로 정답은 C이다.

어휘 草 cǎo 명 풀 | 花草 huācǎo 명 화초 | 然后 ránhòu 접 그런 후에 | 告诉 gàosu 동 말하다, 알리다 | 遇到 yùdào 동 만나다, 부딪치다 | 坏人 huàirén 명 나쁜 사람 | 看病 kànbìng 동 진찰하다

쓰기

71

공략 1단계 **술어를 찾자 ➲ 满意**

일반적으로 동사나 형용사가 술어 역할을 하므로 '만족하다'라는 의미의 형용사 满意가 술어가 된다.

2단계 **'정도부사+형용사' 구조를 만들자 ➲ 不太+满意**

형용사는 단독으로 술어가 될 수 없으므로 정도부사의 수식을 받아 '不太+满意'가 된다.

3단계 **개사구를 만들자 ➲ 对+自己+画的小狗**

对는 '~에 대하여'의 의미를 나타내는 개사로, 대상을 나타내는 명사나 대사와 함께 쓰여 개사구를 만든다. 자신이 그린 강아지에 대해 만족하지 못한다는 의미가 적절하므로, '对+自己+画的小狗'가 된다.

4단계 **주어를 찾자 ➲ 弟弟**

남동생이 자신이 그린 강아지에 대해 만족하지 못한 것이므로 주어는 弟弟가 된다.

∴ 弟弟对自己画的小狗不太满意。
남동생은 자신이 그린 강아지에 대해 만족하지 못한다.

어휘 画 huà 동 그림을 그리다 | ★满意 mǎnyì 형 만족하다, 만족스럽다

72

공략 1단계 **술어를 찾자 ➲ 是**

일반적으로 동사나 형용사가 술어 역할을 하므로 '~이다'라는 의미의 동사 是가 술어가 된다.

2단계 **'구조조사 的+명사' 구조를 만들자 ➲ 幸福的+事**

구조조사 的는 명사를 꾸며주므로 '幸福的+事'가 된다.

3단계 **관형어를 찾자 ➲ 一件**

'수사+양사+명사'의 원리에 의해 '一件+幸福的+事' 순서로 배열된다.

4단계 **주어를 찾자 ➲ 能吃到妈妈做的菜**

엄마가 만든 음식을 먹을 수 있는 것이 행복한 일이므로 '能吃到妈妈做的菜'가 이 문장의 주어가 된다.

∴ 能吃到妈妈做的菜是一件幸福的事。
엄마가 만든 음식을 먹을 수 있는 것은 행복한 일이다.

어휘 幸福 xìngfú 형 행복하다

73

공략 1단계 **술어를 찾자 ◐ 越下+越大**

일반적으로 동사나 형용사가 술어 역할을 하므로 下, 大 모두 술어가 될 수 있다. 越……越……는 '~할수록 더 ~하다'라는 의미로, 의미적으로 눈이 점점 더 많이 내리는 것이므로 '越下+越大'가 적절하다.

2단계 **'구조조사 的+명사' 구조를 만들자**

◐ 外面的+雪

구조조사 的는 명사를 꾸며주므로 '外面的+雪'가 되며, 주어 역할을 한다.

∴ 外面的雪越下越大。
밖에 눈이 점점 많이 내린다.

어휘 雪 xuě 명 눈 | 越 yuè 부 점점 ~해진다

74

공략 1단계 **'把+목적어+동사+기타 성분' 구조를 만들자**

◐ 把+声音+放+小一点儿

개사 把는 단독으로 쓰이지 못하기 때문에 명사 声音과 함께 개사구를 이루어 동사 술어 放을 수식한다. 把자문에는 동사 뒤에 기타 성분이 와야 하므로 '把+声音+放+小一点儿'을 만든다.

2단계 **请의 위치 ◐ 请+把声音+放小一点儿**

부탁이나 권유를 나타내는 请은 문장 맨 앞에 온다.

∴ 请把声音放小一点儿。
소리를 작게 해주세요.

어휘 声音 shēngyīn 명 소리 | 放 fàng 동 틀다

75

공략 1단계 **술어를 찾자 ◐ 变**

일반적으로 동사나 형용사가 술어 역할을 하므로 '변하다'라는 의미의 동사 变이 술어가 된다.

2단계 **목적어를 찾자 ◐ 颜色了**

变은 뒤에 명사 목적어를 쓸 수 있고, 의미적으로 색깔이 변한 것이므로 '变+颜色了'가 된다.

3단계 **'구조조사 的+명사' 구조를 만들자**

◐ 杯子里的+水

구조조사 的는 명사를 꾸며주므로 '杯子里的+水'가 되며, 문장에서 주어 역할을 한다.

∴ 杯子里的水变颜色了。
컵 속의 물은 색이 변했다.

어휘 变 biàn 동 바뀌다, 변화하다 | 颜色 yánsè 명 색

76

친구가 마침내 퇴원해서 그를 대신해 정말 기쁘다.

공략 为가 'wèi'로 발음되면 개사로 '~에게, ~을 위하여'라는 의미를 나타내고, 'wéi'로 발음되면 동사로 '~이 되다'라는 의미를 나타낸다. 문제에서 퇴원한 친구를 대신해 기뻐하는 것이므로 개사로 쓰였다.

어휘 终于 zhōngyú 부 마침내, 끝내 | 出院 chūyuàn 동 퇴원하다

77

이씨 할머니와 친구들은 이야기를 나누면서 웃고 있다.

공략 '一边……一边……'은 '~하면서 ~하다'라는 뜻으로 동시 동작을 나타낸다. 할머니와 친구들이 이야기를 나누면서 웃고 있다라는 의미가 적절하므로, '웃다'라는 의미를 나타내는 동사 笑 xiào가 정답이다.

어휘 一边……一边…… yìbiān……yìbiān…… ~하면서 ~하다

78

나는 이곳에 여러 번 온 적이 있어서 잘 알고 있다.

공략 次 cì는 '번, 횟수'를 나타내는 양사이다.

어휘 特别 tèbié 부 특히, 더욱 | 了解 liǎojiě 동 알다, 이해하다

모의고사 1회

79

그는 매일 새로 산 자전거를 타고 공원에 간다.

공략 自行车는 '자전거'라는 의미의 단어이므로 빈칸에는 行 xíng이 정답이다.

어휘 ★骑 qí 동 타다 | 公园 gōngyuán 명 공원

80

나는 오늘 아침에 늦게 일어나서 회사에 또 지각했다.

공략 又 yòu는 '또, 다시'라는 뜻의 부사이다.

어휘 上班 shàngbān 동 출근하다 | 迟到 chídào 동 지각하다

3급 모의고사 2회 정답

듣기

1. C	2. E	3. B	4. A	5. F	6. B	7. D	8. E	9. A	10. C
11. √	12. √	13. X	14. X	15. X	16. X	17. √	18. √	19. X	20. √
21. B	22. B	23. C	24. C	25. A	26. A	27. C	28. C	29. A	30. B
31. A	32. A	33. A	34. C	35. B	36. A	37. B	38. C	39. C	40. B

독해

41. B	42. A	43. C	44. F	45. D	46. C	47. A	48. D	49. B	50. E
51. D	52. C	53. B	54. F	55. A	56. C	57. B	58. A	59. E	60. F
61. B	62. C	63. C	64. B	65. A	66. B	67. A	68. A	69. B	70. C

쓰기

71. 他怎么突然哭了?

72. 他每天最后一个离开教室。

73. 洗手间在办公室的旁边。

74. 我把弟弟的生日忘记了。

75. 公园里的花开得很漂亮。

76. 层　77. 用　78. 差　79. 走　80. 被

듣기 ▶ Track 14

1 ▶Track 14-01

女：这里的菜真贵，换一家饭馆儿吧。
男：都坐下了，就在这儿吃吧。

여: 여기 음식이 정말 비싸네요. 다른 음식점으로 가요.
남: 이미 앉았으니까, 그냥 여기에서 먹어요.

공략 菜, 饭馆儿을 통해서 남녀가 음식점에 있음을 유추할 수 있다. 따라서 남녀가 음식점에서 함께 메뉴판을 보고 있는 그림 C가 정답이다.

어휘 贵 guì 형 (가격이) 비싸다 | 换 huàn 동 바꾸다 | 饭馆儿 fànguǎnr 명 식당, 음식점

2 ▶Track 14-02

男：会议马上就要开始了，我们走吧。
女：等一下，我的笔记本找不到了。

남: 회의가 곧 시작하니, 가자.
여: 잠깐 기다려. 내 수첩을 못 찾겠어.

공략 남자가 회의가 곧 시작하니 가자고 하자, 여자가 수첩을 못 찾겠다고 했으므로 물건을 찾고 있는 그림 E가 정답이다.

어휘 会议 huìyì 명 회의 | 开始 kāishǐ 동 시작하다 | ★笔记本 bǐjìběn 명 수첩, 노트

3 ▶Track 14-03

女：最近看电视的人越来越少了。
男：是啊，很多人都用手机看节目。

여: 요즘 텔레비전을 보는 사람들이 점점 줄고 있어.
남: 맞아. 많은 사람들이 휴대 전화로 프로그램을 보지.

공략 여자의 말 '最近看电视的人越来越少了'를 통해서 요즘 사람들이 텔레비전을 잘 보지 않는다는 것을 알 수 있다. 따라서 텔레비전이 꺼져 있는 그림 B가 정답이다.

어휘 ★越来越 yuèláiyuè 점점 ~해진다 | 手机 shǒujī 명 휴대 전화 | 节目 jiémù 명 프로그램

4 ▶Track 14-04

男：你怎么没带伞？
女：外面风太大，我的伞被刮走了。

남: 왜 우산을 안 가져왔어?
여: 밖에 바람이 너무 강해서 우산이 바람에 날아갔어.

공략 사물의 명칭을 나타내는 伞을 통해서 우산이 제시된 그림 A가 정답임을 알 수 있다.

어휘 ★怎么 zěnme 대 어째서, 왜 | ★带 dài 동 (몸에) 지니다 | ★伞 sǎn 명 우산 | 风 fēng 명 바람 | 刮 guā 동 (바람이) 불다

5 ▶Track 14-05

女：那两个箱子里都是碗。你要小心！
男：知道了。那我把它们放厨房里。

여: 그 두 상자 안에 그릇이 있으니, 조심해야 해.
남: 알았어. 그럼 내가 그것들을 주방에 놓을게.

공략 사물의 명칭을 나타내는 碗을 들었다면 정답을 쉽게 찾을 수 있다. 여자가 '那两个箱子里都是碗'이라고 말하고 있으므로 그릇이 제시된 그림 F가 정답이다.

어휘 ★箱子 xiāngzi 명 상자 | ★碗 wǎn 명 공기, 그릇 | 小心 xiǎoxīn 동 조심하다, 주의하다 | 放 fàng 동 놓다, 두다 | 厨房 chúfáng 명 주방, 부엌

6 ▶Track 14-06

男：你什么时候学会开车的？
女：去年放假的时候。上车吧，我带你。

남: 운전은 언제 배운 거야?
여: 작년 방학 때. 타, 내가 데려다줄게.

공략 남자가 여자에게 운전을 언제 배운 건지 묻고 있다. 开车를 들었다면 정답을 쉽게 찾을 수 있다. 따라서 여자가 운전석에 앉아 있는 그림 B가 정답이다.

어휘 ★开车 kāichē 동 운전하다 | 放假 fàngjià 동 방학하다 | 带 dài 동 데리다

7 ▶Track 14-07

女：女儿怎么还不过来吃饭？
男：她起晚了，正在洗脸呢。

여: 딸이 왜 아직도 밥을 먹으러 안 오죠?
남: 늦게 일어나서 지금 세수하고 있어요.

공략 남자의 말 '正在洗脸呢'를 통해 딸이 지금 세수를 하고 있음을 알 수 있다. 따라서 세수를 하고 있는 그림 D가 정답이다.

어휘 正在 zhèngzài 부 지금 ~하고 있다 | ★洗脸 xǐliǎn 동 세수하다

8 ▶Track 14-08

男：这两个人是谁？
女：是我姐姐和她的一个朋友。右边那个长头发的是我姐姐。

남: 이 두 사람은 누구야?
여: 내 언니랑 언니 친구야. 오른쪽에 머리가 긴 사람이 내 언니야.

공략 남자가 여자에게 이 두 사람이 누구인지 묻자, 여자는 언니와 언니 친구이며, '右边那个长头发的是我姐姐'라고 대답하고 있다. 따라서 두 여자아이가 제시되어 있고 그중 오른쪽에 머리가 긴 여자아이가 있는 그림 E가 정답이다.

어휘 谁 shéi 대 누구 | ★右边 yòubian 명 우측, 오른쪽 | ★头发 tóufa 명 머리카락

9 ▶Track 14-09

女：下个星期就是教师节了，送老师什么礼物好呢？
男：鲜花怎么样？她最喜欢花儿了。

여: 다음 주가 바로 스승의 날이야. 선생님께 어떤 선물을 드리는 게 좋을까?
남: 꽃은 어때? 선생님은 꽃을 가장 좋아하시잖아.

공략 두 사람이 스승의 날에 선생님께 드릴 선물에 대해 이야기하고 있다. 사물을 나타내는 鲜花, 花儿을 통해서 꽃이 제시된 그림 A가 정답임을 알 수 있다.

어휘 教师节 Jiàoshījié 명 스승의 날 | 送 sòng 동 선물하다, 보내다 | 礼物 lǐwù 명 선물 | 鲜花 xiānhuā 명 생화, 꽃 | 花儿 huār 명 꽃

10 ▶Track 14-10

男：你又在上网玩儿游戏？
女：没有。我在网上买动物园门票，我们周末去吧。

남: 너는 또 인터넷으로 게임을 하는 거야?
여: 아니야. 나는 인터넷으로 동물원 입장권을 사고 있어. 우리 주말에 가자.

공략 남자가 '你又在上网玩儿游戏?'라고 묻자 여자는 '我在网上买动物园门票'라고 말하고 있으므로 여자가 인터넷을 하고 있는 그림 C가 정답이다.

어휘 ★上网 shàngwǎng 동 인터넷을 하다 | ★游戏 yóuxì 명 게임 | 动物园 dòngwùyuán 명 동물원 | 门票 ménpiào 명 입장권

11 ▶Track 14-11

小王，刚才经理打电话说他突然要去出差，明天下午的会议不开了。

★ 经理明天不能开会了。(√)

샤오왕, 방금 사장님이 전화하셔서 말씀하시길 사장님이 갑자기 출장을 가야 해서 내일 오후 회의는 안 한대.

★ 사장님은 내일 회의를 할 수 없다. (√)

공략 '明天下午的会议不开了'라는 말을 통해서 내일 오후 회의는 안 한다는 것을 알 수 있으므로 제시된 문장은 녹음 내용과 일치한다.

모의고사 2회

어휘 刚才 gāngcái 명 방금 | 经理 jīnglǐ 명 사장 | ★突然 tūrán 부 갑자기, 문득 | ★出差 chūchāi 동 출장을 가다 | 会议 huìyì 명 회의 | ★开会 kāihuì 동 회의를 하다

12 ▶Track 14-12

妻子因为我总打游戏生气了，这两天她在家里一句话都不说，也不跟我一起吃饭。

★ 妻子生他的气了。(√)

아내는 내가 항상 게임만 해서 화가 났다. 요 며칠 아내는 집에서 말 한 마디 하지 않고 나랑 같이 밥을 먹지도 않는다.

★ 아내는 그에게 화가 났다. (√)

공략 '妻子因为我总打游戏生气了'를 통해서 아내는 그가 항상 게임만 해서 화가 났음을 알 수 있으므로 제시된 문장은 녹음 내용과 일치한다.

어휘 因为 yīnwèi 접 ~때문에 | 总 zǒng 부 늘, 줄곧 | 打游戏 dǎ yóuxì 게임을 하다 | 生气 shēngqì 동 화내다

13 ▶Track 14-13

最近很多城市都出现了一种没有人的超市。这种超市一天24个小时不关门，什么时候去买东西都可以，非常方便。

★ 那种超市晚上不开门。(×)

요즘 많은 도시에서 무인 마트가 생겼다. 이 마트는 하루 24시간 문을 닫지 않고, 아무 때나 물건을 사러 갈 수 있고 매우 편리하다.

★ 그 마트는 밤에 문을 열지 않는다. (×)

공략 '这种超市一天24个小时不关门'이라고 했으므로, 마트는 하루 24시간 영업함을 알 수 있다. 따라서 제시된 문장은 녹음 내용과 일치하지 않는다.

어휘 城市 chéngshì 명 도시 | 出现 chūxiàn 동 출현하다 | 超市 chāoshì 명 슈퍼마켓, 마트 | 关门 guānmén 동 문을 닫다 | ★方便 fāngbiàn 형 편리하다

14 ▶Track 14-14

那块儿手表是叔叔送他的。他是昨天出去运动时才发现手表不见了，这让他很难过。

★ 他找到手表了。(×)

그 시계는 삼촌이 그에게 선물해 준 것이다. 그는 어제 운동하러 나갔을 때 시계가 없어졌다는 것을 알았다. 이 일로 그는 아주 괴로워한다.

★ 그는 시계를 찾았다. (×)

공략 '手表不见了'를 통해서 그는 시계를 잃어버렸고 이 일로 괴로워하고 있으므로, 시계를 찾았다는 문장은 녹음 내용과 일치하지 않는다.

어휘 手表 shǒubiǎo 명 손목시계 | 叔叔 shūshu 명 삼촌 | 送 sòng 동 주다, 선물하다 | ★发现 fāxiàn 동 발견하다 | ★难过 nánguò 형 고통스럽다, 괴롭다

15 ▶Track 14-15

我昨天晚上在路边等了很久，也没有打到车，最后我只能给爸爸打电话，让他来接我。

★ 说话人是出租车司机。(×)

나는 어젯밤에 길에서 오랫동안 기다렸지만 택시를 잡을 수 없었다. 결국 나는 아버지에게 전화해 나를 데리러 오라고 했다.

★ 화자는 택시 기사이다. (×)

공략 어젯밤에 화자는 오랫동안 택시를 잡으려고 기다렸지만 잡지 못했다. 따라서 화자는 택시 기사가 아니라 택시를 타려고 하는 승객임을 알 수 있으므로 제시된 문장은 녹음 내용과 일치하지 않는다.

어휘 久 jiǔ 형 오래다, 시간이 길다 | 最后 zuìhòu 명 결국, 최후 | 让 ràng 동 ~하게 하다 | 接 jiē 동 마중하다, 맞이하다 | ★出租车 chūzūchē 명 택시 | ★司机 sījī 명 기사, 운전사

16 ▶Track 14-16

遇到问题的时候，应该自己想想办法，不能总是让别人帮忙解决问题。

★ 出现问题必须找人帮忙。(×)

문제에 직면했을 때, 스스로 방법을 생각해야 한다. 늘 다른 사람에게 문제를 해결해 달라고 하면 안 된다.

★ 문제가 발생하면 반드시 다른 사람에게 도와 달라고 해야 한다. (×)

공략 제시된 문장의 必须는 '반드시 ~해야 한다'라는 의미의 부사이다. 녹음 내용에서는 늘 다른 사람에게 문제를 해결해 달라고 하면 안 된다라고 말하고 있으므로 제시된 문장과 일치하지 않는다.

어휘 ★遇到 yùdào 동 만나다, 부딪치다 | 问题 wèntí 명 문제 | 办法 bànfǎ 명 방법 | ★总是 zǒngshì 부 늘, 줄곧 | 帮忙 bāngmáng 동 일을 돕다, 도움을 주다 | ★解决 jiějué 동 해결하다, 풀다 | ★必须 bìxū 부 반드시 ~해야 한다

17 ▶Track 14-17

我们学校新来了一位音乐老师，他很年轻，今年才26岁，同学们都爱上他的课。

★ 音乐老师很年轻。(√)

우리 학교에 음악 선생님 한 분이 새로 오셨다. 선생님은 올해 겨우 26세로 젊다. 학우들은 모두 선생님의 수업을 좋아하게 되었다.

★ 음악 선생님은 매우 젊다. (√)

공략 '他很年轻'에서 인칭대사 他는 새로 오신 음악 선생님을 가리키므로 제시된 문장은 녹음 내용과 일치한다.

어휘 ★年轻 niánqīng 형 젊다 | ★才 cái 부 겨우, 고작

18 ▶Track 14-18

方阿姨和她先生是别人介绍认识的。他们认识不久就决定结婚了。听说他们有一个相同的爱好，那就是打篮球。

★ 方阿姨会打篮球。(√)

팡 이모와 남편은 다른 사람이 소개해 알게 되었다. 그들은 알게 된 지 얼마 되지 않아 결혼하기로 결심했다. 듣자 하니 그들은 서로 같은 취미가 있는데, 그것은 바로 농구를 하는 것이다.

★ 팡 이모는 농구를 할 줄 안다. (√)

공략 팡 이모와 남편은 농구라는 같은 취미가 있는 것이므로, 제시된 문장과 녹음 내용이 일치한다.

어휘 阿姨 āyí 명 이모, 아주머니 | 认识 rènshi 동 알다, 인식하다 | 决定 juédìng 동 결정하다, 결심하다 | ★结婚 jiéhūn 동 결혼하다 | ★相同 xiāngtóng 형 서로 같다, 똑같다 | ★爱好 àihào 명 취미, 애호 | 打篮球 dǎ lánqiú 농구를 하다

19 ▶Track 14-19

刘奶奶今年70多岁了，她说话不但非常快，而且声音也很小，我总是听不清她在说什么。

★ 刘奶奶说话很清楚。(×)

류씨 할머니는 올해 70세가 넘었다. 할머니는 말이 빠를 뿐 아니라 목소리도 작아서, 나는 항상 할머니가 무슨 말씀을 하시는지 알아들을 수가 없다.

★ 류씨 할머니는 말을 또박또박하게 하신다. (×)

공략 '不但……而且……'는 '~뿐만 아니라 ~도'라는 의미의 접속사이다. 류씨 할머니는 말이 빠를 뿐 아니라 목소리도 작아서 무슨 말씀을 하시는지 알아들을 수가 없다고 했으므로 제시된 문장은 녹음 내용과 일치하지 않는다.

어휘 不但……而且…… búdàn……érqiě…… 접 ~뿐만 아니라 게다가 ~ | 声音 shēngyīn 명 목소리 | 总是 zǒngshì 부 늘, 줄곧 | ★听不清 tīng bu qīng 잘 알아듣지 못하다, 잘 들리지 않다 | ★清楚 qīngchu 형 분명하다, 명확하다

20 ▶Track 14-20

我上个月从图书馆借了五本书，明天就得还回去了，可是我一本也没看完，下次再也不借这么多书了。

★ 他借了五本书。(√)

나는 지난달에 도서관에서 책을 다섯 권 빌렸다. 내일 반납해야 하는데, 나는 한 권도 다 읽지 못했다. 다음 번에는 이렇게 많은 책을 빌리지 말아야겠다.

★ 그는 책을 다섯 권 빌렸다. (√)

공략 지난달에 도서관에서 책을 다섯 권 빌렸다고 했으므로 제시된 문장과 녹음 내용이 일치한다.

어휘 图书馆 túshūguǎn 명 도서관 | ★借 jiè 동 빌리다 | ★还 huán 동 반납하다, 돌려주다

21 ▶Track 14-21

女：小孙，好久不见了，你不是去留学了吗？

男：不好意思，您认错人了吧？我不姓孙。

问：关于女的，可以知道什么？

A 是老师
B 看错人了
C 跟男的是朋友

여: 샤오쑨, 오랜만이야. 너 유학 가지 않았니?

남: 죄송하지만, 사람을 잘못 보신 것 같은데요? 저는 쑨씨가 아니에요.

질문: 여자에 관해 알 수 있는 것은?

A 선생님이다
B 사람을 잘못 봤다
C 남자와 친구이다

공략 남자의 '您认错人了吧'를 통해서 여자는 사람을 잘 못 보고 착각했음을 알 수 있으므로 정답은 B이다.

어휘 留学 liúxué 동 유학하다 | ★认错 rèncuò 동 잘못 보다 | 姓 xìng 동 성이 ~이다 | 跟 gēn 개 ~와 | 朋友 péngyou 명 친구

22 ▶Track 14-22

男：请问，6岁的孩子需要买票吗？

女：个子不到1米2的话，就不用。

问：多高的孩子不用买票？

A 1米以上
B 1.2米以下
C 1.6米以下

남: 6세 아이도 표를 사야 하나요?

여: 키가 1.2미터가 안 되면 살 필요가 없습니다.

질문: 키가 얼마인 아이들은 표를 살 필요가 없는가?

A 1미터 이상
B 1.2미터 이하
C 1.6미터 이하

공략 보기에 숫자가 제시되어 있으므로 녹음을 들을 때 숫자에 집중해서 듣는다. 여자의 '个子不到1米2的话，就不用'을 통해서 정답이 B임을 알 수 있다.

어휘 需要 xūyào 동 필요하다 | 个子 gèzi 명 키 | 不到 bú dào 부족하다, 미치지 못하다 | 米 mǐ 양 미터(m)

23 ▶Track 14-23

女：快9点了，你怎么还在家里？

男：我都到地铁站了，才发现自己没带手机。

问：男的为什么又回来了？

A 很累
B 不上班
C 没带手机

여: 9시가 다 되어 가는데, 너 왜 아직 집에 있니?

남: 지하철역에 도착해서야 내가 휴대 전화를 가져오지 않은 걸 알았어.

질문: 남자는 왜 다시 돌아왔는가?

A 너무 피곤해서
B 출근하지 않아서
C 휴대 전화를 가져오지 않아서

공략 남자의 '我都到地铁站了，才发现自己没带手机'라는 말을 통해 남자가 휴대 전화를 놓고 가서 집에 다시 돌아왔음을 알 수 있다. 따라서 정답은 C이다.

어휘 地铁站 dìtiězhàn 명 지하철역 | ★发现 fāxiàn 동 발견하다, 알아차리다 | ★带 dài 동 (몸에) 지니다 | ★手机 shǒujī 명 휴대 전화

24 ▶Track 14-24

男：你以前没听过关于黄河的故事吗？
女：没有。这是第一次听你讲，很有意思。

问：关于女的，可以知道什么？

A 不喜欢学习
B 很喜欢唱歌
C 第一次听这个故事

남: 너는 예전에 황하와 관련된 이야기를 들어 본 적이 없니?
여: 없어. 이번에 너한테 처음 듣는데 아주 재미있네.

질문: 여자에 관해 알 수 있는 것은?

A 공부를 좋아하지 않는다
B 노래 부르는 것을 아주 좋아한다
C 처음 이 이야기를 듣는다

공략 예전에 황하와 관련된 이야기를 들어본 적이 없냐는 남자의 질문에 여자는 '这是第一次听你讲'이라고 대답하고 있다. 여자의 말을 통해 여자가 이번에 이 이야기를 처음 들었음을 알 수 있으므로 정답은 C이다.

어휘 关于 guānyú 개 ~에 관하여 | 黄河 Huánghé 고유 황하 | ★故事 gùshi 명 이야기 | 第一次 dì-yī cì 명 맨 처음 | ★讲 jiǎng 동 말하다, 이야기하다 | 有意思 yǒu yìsi 재미있다

25 ▶Track 14-25

女：电梯怎么还不下来？都等了五分钟了。
男：它几乎每一层都停，所以比较慢。

问：根据对话，可以知道什么？

A 电梯慢
B 电梯坏了
C 他们要走下去

여: 엘리베이터가 왜 아직도 안 내려오지? 벌써 5분이나 기다렸는데.
남: 엘리베이터가 거의 층마다 서서 느린 것 같아.

질문: 대화를 근거로 알 수 있는 것은?

A 엘리베이터가 느리다
B 엘리베이터가 고장 났다
C 그들은 걸어서 내려가야 한다

공략 두 사람이 엘리베이터에 대해서 이야기하고 있다. 여자가 엘리베이터가 왜 아직도 안 내려오는지 묻자 남자는 층마다 서서 느린 것 같다고 했으므로 정답은 A이다.

어휘 ★电梯 diàntī 명 엘리베이터 | 几乎 jīhū 부 거의 | 层 céng 양 층 | ★停 tíng 동 서다, 멈추다 | 坏 huài 동 고장이 나다

26 ▶Track 14-26

男：请问，你知道熊猫宾馆怎么走吗？
女：对不起，我也不知道。你再问问其他人吧。

问：男的要去哪儿？

A 宾馆　　B 火车站　　C 图书馆

남: 말씀 좀 물을게요. 판다호텔에 어떻게 가는지 아세요?
여: 죄송합니다. 저도 몰라요. 다른 사람한테 다시 물어보세요.

질문: 남자는 어디에 가려고 하는가?

A 호텔　　B 기차역　　C 도서관

공략 남자의 '你知道熊猫宾馆怎么走吗?'를 통해서 남자는 판다호텔에 가려고 함을 알 수 있으므로 정답은 A이다.

어휘 ★宾馆 bīnguǎn 명 호텔, 여관 | ★怎么 zěnme 대 어떻게 | 问 wèn 동 묻다 | 其他 qítā 대 다른 사람

27 ▶Track 14-27

女：这个游戏得三个人才能玩儿。
男：那我们把哥哥叫来吧。

问：他们叫哥哥来做什么?

A 吃晚饭
B 回答问题
C 玩儿游戏

여: 이 게임은 세 명이 있어야만 놀 수 있어.
남: 그럼 우리 형을 부르자.

질문: 그들은 형을 불러서 무엇을 할 것인가?

A 저녁을 먹는다
B 문제에 대답한다
C 게임을 한다

공략 여자의 '这个游戏得三个人才能玩儿'을 통해서 게임을 하려면 한 명이 더 필요함을 알 수 있다. 두 사람은 게임을 하기 위해 형을 부르자고 한 것이므로 정답은 C이다.

어휘 ★游戏 yóuxì 명 게임 | ★叫 jiào 동 부르다, 불러 오다 | 回答 huídá 동 대답하다

28 ▶Track 14-28

男：喂，您在网上买的东西到了，请问您在家吗?
女：我不在。能把东西放在我家旁边的302号吗?

问：女的希望把东西放在哪里?

A 教室　　B 门口　　C 邻居家

남: 여보세요. 인터넷에서 구매하신 물건이 도착했는데, 집에 계신가요?
여: 전 집에 없어요. 물건을 저희 집 옆에 302호에 두실 수 있나요?

질문: 여자는 물건을 어디에 두길 희망하는가?

A 교실　　B 입구　　C 이웃집

공략 인터넷에서 구매한 물건이 도착했지만 여자가 집에 없어 '能把东西放在我家旁边的302号吗'라고 말하고 있다. 我家旁边的302号는 이웃집을 뜻하므로 정답은 C이다.

어휘 喂 wéi 감탄 (전화상에서) 여보세요 | 网上 wǎngshàng 명 온라인, 인터넷 | ★邻居 línjū 명 이웃집

29 ▶Track 14-29

女：你看，太阳出来了，太好了!
男：可是外面还在下小雨呢。

问：现在天气怎么样?

A 下雨
B 刮风
C 下雪

여: 봐봐, 해가 떴어. 정말 잘됐다!
남: 하지만 밖에는 아직도 비가 조금 내리는걸.

질문: 지금 날씨는 어떠한가?

A 비가 내린다
B 바람이 분다
C 눈이 내린다

공략 남자의 '可是外面还在下小雨呢'를 통해서 지금 밖에 비가 내린다는 것을 알 수 있으므로 정답은 A이다.

어휘 太阳 tàiyáng 명 햇빛, 일광 | 刮风 guāfēng 동 바람이 불다

30 ▶Track 14-30

男：我们去喝杯茶怎么样? 可以一边喝一边等。
女：别去了。现在九点一刻，再有半小时就要上飞机了。

问：他们最可能在哪儿?

A 咖啡厅　　B 飞机场　　C 火车站

남: 우리 차 마시러 가는 게 어때? 커피 마시면서 기다릴 수 있잖아.
여: 가지 말자. 지금 9시 15분이야. 30분만 더 있으면 비행기 타야 해.

질문: 그들은 아마도 어디에 있겠는가?

A 커피숍　　B 공항　　C 기차역

공략 30분만 더 있으면 비행기를 타야 한다는 여자의 말을 통해 남녀는 공항에 있음을 알 수 있으므로 정답은 B이다.

어휘 茶 chá 명 차 | ★一边……一边…… yìbiān……yìbiān…… ~하면서 ~하다 | 刻 kè 양 15분 | ★飞机 fēijī 명 비행기

31 ▶Track 14-31

女：李医生，一起去吃饭吗？
男：你先去吧，我还要给两个病人看病。
女：你太忙了，我给你买点儿吃的回来吧。
男：谢谢，那你帮我买个面包吧。

问：关于李医生，可以知道什么？

A 工作忙
B 明天休息
C 想吃香蕉

여: 이 선생님, 같이 식사하러 갈까요?
남: 먼저 가세요. 저는 아직 환자 두 명을 더 진찰해야 해요.
여: 바쁘시네요. 제가 드실 걸 좀 사올게요.
남: 감사해요. 그럼 빵을 좀 사다주세요.

질문: 이 선생님에 관해 알 수 있는 것은?

A 일이 바쁘다
B 내일 쉰다
C 바나나를 먹고 싶다

공략 남자가 환자 두 명을 더 진찰해야 한다고 했고, 여자가 '你太忙了'라고 했으므로 정답은 A이다.

어휘 医生 yīshēng 명 의사 | ★看病 kànbìng 동 진찰하다 | 面包 miànbāo 명 빵 | ★休息 xiūxi 동 휴식을 취하다, 쉬다 | 香蕉 xiāngjiāo 명 바나나

32 ▶Track 14-32

男：我一会儿就下公共汽车了，要我买些什么带回去吗？
女：买几瓶果汁，再买个西瓜。
男：还要别的吗？啤酒呢？
女：不用了。冰箱里还有。

问：关于男的，可以知道什么？

A 去买东西
B 想吃西瓜
C 要喝啤酒

남: 나 잠시 후에 버스에서 내려. 내가 뭘 좀 사갈까?
여: 과일주스 몇 병이랑 수박 좀 사와.
남: 또 다른 것은? 맥주는?
여: 괜찮아. 냉장고에 아직 있어.

질문: 남자에 관해 알 수 있는 것은?

A 물건을 사러 간다
B 수박이 먹고 싶다
C 맥주를 마시고 싶다

공략 남자가 '要我买些什么带回去吗?'라고 묻자 여자는 '买几瓶果汁，再买个西瓜'라고 대답하고 있다. 따라서 남자가 물건을 사러 갈 것임을 알 수 있으므로 정답은 A가 된다.

어휘 公共汽车 gōnggòng qìchē 명 버스 | 瓶 píng 양 병 | 果汁 guǒzhī 명 과일주스 | 西瓜 xīguā 명 수박 | 啤酒 píjiǔ 명 맥주 | 冰箱 bīngxiāng 명 냉장고

33 ▶Track 14-33

女：你觉得我长头发好看还是短头发好看？
男：都好看。
女：请你认真回答我的问题。
男：真的，长头发漂亮，短头发可爱。

问：男的觉得女的短头发怎么样？

A 可爱
B 不好看
C 像男孩子

모의고사 2회

여: 네가 보기에 나는 긴 머리가 예뻐 아니면 짧은 머리가 예뻐?
남: 다 예뻐.
여: 내 질문에 진지하게 대답해 봐.
남: 정말이야. 긴 머리는 예쁘고, 짧은 머리는 귀여워.

질문: 남자는 여자의 짧은 머리가 어떻다고 생각하는가?

A 귀엽다
B 예쁘지 않다
C 남자아이 같다

공략 남자의 마지막 말에 '长头发漂亮, 短头发可爱'라고 했으므로 정답은 A이다. 녹음에 자주 등장하는 好看만 듣고 정답을 B로 선택하지 않도록 주의하자.

어휘 ★头发 tóufa 명 머리카락 | ★好看 hǎokàn 형 보기 좋다, 아름답다 | ★认真 rènzhēn 형 진지하다, 착실하다 | 回答 huídá 동 대답하다 | 漂亮 piàoliang 형 예쁘다, 아름답다 | 可爱 kě'ài 형 귀엽다, 사랑스럽다

34 ▶Track 14-34

男：你今天怎么这么早睡觉?
女：我有点儿发烧。
男：是不是因为昨天你在雨中跑步?
女：可能吧。你别说话了，我想休息。

问：女的怎么了?

A 牙疼
B 哭了
C 发烧了

남: 너 오늘 왜 이렇게 일찍 자니?
여: 나 열이 조금 있어.
남: 어제 너 비 맞으면서 달리기해서 그런 거야?
여: 그런 것 같아. 너 말하지 마, 나 쉬고 싶어.

질문: 여자는 어떠한가?

A 이가 아프다
B 울었다
C 열이 난다

공략 오늘 왜 이렇게 일찍 자냐는 남자의 말에 여자는 '我有点儿发烧'라고 말하며 일찍 자기를 원하고 있다. 따라서 C가 정답이다.

어휘 ★发烧 fāshāo 동 열이 나다 | 跑步 pǎobù 동 달리다 | 休息 xiūxi 동 휴식을 취하다, 쉬다 | 哭 kū 동 울다

35 ▶Track 14-35

女：现在几点了?
男：差一刻5点，怎么了?
女：外面太黑了，我以为到晚上了呢。
男：我们这里冬天黑得早，过几天你就习惯了。

问：现在几点了?

A 4:15
B 4:45
C 5:15

여: 지금 몇 시야?
남: 4시 45분. 왜 그래?
여: 밖이 너무 어두워서 나는 저녁인 줄 알았어.
남: 여기는 겨울에 일찍 어두워져. 며칠 지나면 너도 익숙해질 거야.

질문: 지금 몇 시인가?

A 4시 15분
B 4시 45분
C 5시 15분

공략 지금이 몇 시냐는 여자의 질문에 남자가 '差一刻5点'이라고 대답했으므로 정답은 B이다. 差는 '부족하다, 모자라다'라는 의미이고, 一刻는 '15분'을 나타내므로 5시에서 15분이 모자란 4시 45분이 정답이다.

어휘 ★差 chà 형 부족하다, 모자라다 | ★刻 kè 양 15분 | 黑 hēi 형 어둡다 | ★以为 yǐwéi 동 여기다, 생각하다 | 冬天 dōngtiān 명 겨울 | 习惯 xíguàn 동 습관이 되다, 익숙해지다

36 ▶Track 14-36

男：忙了这么久，累了吧？
女：是。房间我都打扫完了，就盘子还没洗呢。
男：你休息，盘子我来洗。
女：好吧。那我就不客气了。

问：女的怎么了？

A 累了
B 生病了
C 生气了

남: 이렇게 오랫동안 바빠서 피곤하지?
여: 응. 방은 내가 다 청소했어. 접시만 닦으면 돼.
남: 너는 쉬어. 접시는 내가 닦을게.
여: 알았어. 그럼 사양하지 않을게.

질문: 여자는 어떠한가?

A 피곤하다
B 병이 났다
C 화가 났다

공략 '累了吧?'라는 남자의 물음에 여자는 是라고 대답하고 있으므로 여자가 현재 피곤하다는 것을 알 수 있다. 따라서 정답은 A가 된다.

어휘 房间 fángjiān 명 방 | 打扫 dǎsǎo 동 청소하다 | 盘子 pánzi 명 쟁반, 큰 접시 | 休息 xiūxi 동 휴식을 취하다, 쉬다

37 ▶Track 14-37

女：这张照片上哪个是小天呢？
男：最中间这个是小天。
女：你们两个的关系不错？
男：是。就像一家人一样。

问：他们在看什么？

A 电视　　B 照片　　C 杂志

여: 이 사진에서 누가 샤오톈이야?
남: 가장 중앙에 있는 사람이 샤오톈이야.
여: 너희 둘 관계는 좋지?
남: 응. 마치 한 가족 같아.

질문: 그들은 무엇을 보고 있는가?

A 텔레비전　　B 사진　　C 잡지

공략 여자의 '这张照片上哪个是小天呢?'라는 물음을 통해 남녀가 사진을 보며 대화를 나누고 있음을 알 수 있다. 따라서 정답은 B이다.

어휘 张 zhāng 양 장(종이를 세는 단위) | ★照片 zhàopiàn 명 사진 | 中间 zhōngjiān 명 가운데, 중간 | ★关系 guānxi 명 관계 | ★像 xiàng 부 마치 ~인 것 같다

38 ▶Track 14-38

男：你怎么跟孩子一样就喜欢吃甜的呢？
女：只要一吃甜的，我的心情就很好。
男：那你不担心变胖吗？
女：没关系，我每天都锻炼身体。

问：女的为什么不担心变胖？

A 吃得少
B 每天吃菜
C 经常运动

남: 너는 어쩜 아이처럼 단 음식을 먹는 걸 좋아하니?
여: 단 것만 먹으면 기분이 바로 좋아지거든.
남: 그럼 너는 살찔 게 걱정되지 않니?
여: 괜찮아. 난 매일 운동하거든.

질문: 여자는 왜 살찔 것을 걱정하지 않는가?

A 적게 먹어서
B 매일 야채를 먹어서
C 자주 운동해서

공략 단 음식을 먹는 것을 좋아하는 여자에게 살찔 게 걱정되지 않냐는 남자의 질문에 여자는 '没关系，我每天都锻炼身体'라고 했으므로 정답은 C이다.

어휘 甜 tián 형 (맛이) 달다 | 只要 zhǐyào 접 ~하기만 하면 | 担心 dānxīn 동 염려하다, 걱정하다 | 胖 pàng 형 뚱뚱하다 | ★锻炼 duànliàn 동 (몸을) 단련하다

모의고사 2회

39 ▶Track 14-39

女：家里的那张桌子用了很多年了，太旧了。
男：那我们周末去看看，买张新桌子吧。
女：椅子的颜色也不好，一起换了吧。
男：好的。

问：他们打算买什么？

A 桌子和电视
B 空调和椅子
C 桌子和椅子

여: 집에 있는 그 테이블은 오래 사용해서 너무 낡았어.
남: 그럼 우리 주말에 가서 좀 보고, 새 테이블을 사자.
여: 의자의 색깔도 좋지 않으니, 같이 바꾸자.
남: 좋아.

질문: 그들은 무엇을 살 계획인가?

A 테이블과 텔레비전
B 에어컨과 의자
C 테이블과 의자

공략 남자가 주말에 테이블을 사러 가자고 했고, 여자는 의자의 색깔도 좋지 않으므로 함께 바꾸자고 했으므로 주말에 의자와 테이블을 살 계획임을 알 수 있다. 따라서 정답은 C이다.

어휘 张 zhāng 양 개(책상이나 탁자 등을 세는 단위) | ★桌子 zhuōzi 명 탁자, 테이블 | 旧 jiù 형 낡다, 오래다 | 颜色 yánsè 명 색 | ★换 huàn 동 바꾸다 | 空调 kōngtiáo 명 에어컨

40 ▶Track 14-40

男："酒店试睡员"这个工作听起来真不错。
女：其实这个工作很不容易。
男：他们需要做什么呢？
女：他们要检查洗手间干净不干净、床舒服不舒服等等，很多工作。

问：酒店试睡员可能不用检查什么？

A 床　　B 地图　　C 洗手间

남: '호텔 수면 테스터' 이 직업은 듣기에 괜찮은 것 같아.
여: 사실 이 직업은 쉽지 않아.
남: 그들은 무엇을 해야 해?
여: 그들은 화장실이 깨끗한지 아닌지, 침대가 편한지 아닌지 등을 검사해야 해서 일이 많아.

질문: 호텔 수면 테스터는 무엇을 검사할 필요가 없는가?

A 침대　　B 지도　　C 화장실

공략 여자의 '他们要检查洗手间干净不干净、床舒服不舒服等等'에서 호텔 수면 테스터는 화장실과 침대를 검사해야 한다는 것을 알 수 있다. 따라서 녹음에서 언급되지 않은 지도는 검사할 필요가 없으므로 정답은 B이다.

어휘 ★不错 búcuò 형 좋다, 괜찮다 | ★容易 róngyì 형 쉽다, 용이하다 | 洗手间 xǐshǒujiān 명 화장실 | ★干净 gānjìng 형 깨끗하다 | 舒服 shūfu 형 편안하다 | 可能 kěnéng 부 아마도, 아마 | ★检查 jiǎnchá 동 검사하다, 점검하다 | 地图 dìtú 명 지도

독해

41

A: 조심해. 길에 등이 없어서 너무 어두워.
B: [B] **괜찮아. 난 이 길을 매일 다니니까 걱정하지 마.**

공략 문제에서 길이 어두우니 주의하라고 당부하고 있으므로, 걱정하지 말라고 안심시키는 B가 정답으로 적절하다.

어휘 小心 xiǎoxīn 동 조심하다, 주의하다 | ★街 jiē 명 길, 거리 | 灯 dēng 명 등 | ★黑 hēi 형 어둡다 | ★担心 dānxīn 동 염려하다, 걱정하다

42

A: [A] **오늘 저녁 7시에 만나는 거 잊지 마.**
B: 미안해. 내가 일이 있어서, 너와 함께 영화를 볼 수 없어.

공략 문제에서 '내가 일이 있어서 너와 함께 영화를 볼 수 없다'고 상대방의 제안을 거절하고 있으므로 오늘 저녁 7시에 만나는 걸 잊지 말라는 A가 정답으로 적절하다.

어휘 ★忘 wàng 동 잊다 | 一起 yìqǐ 부 같이, 함께

43

A: 방 안이 왜 이렇게 덥지?
B: [C] **에어컨이 고장 났어. 내가 이미 전화해서 사람을 불렀어.**

공략 문제에서 방 안이 더운 이유에 대해 묻고 있으므로 그에 대한 원인을 말하는 표현이 적절하다. 에어컨이 고장 났고, 수리할 사람을 불렀다고 하는 C가 정답으로 적절하다.

어휘 房间 fángjiān 명 방 | ★热 rè 형 덥다 | ★坏 huài 동 고장이 나다

44

A: [F] **이 사진 정말 예쁘게 잘 찍었다. 언제 찍은 거야?**
B: 작년 여름에 회사에서 운동회를 할 때 찍은 거야.

공략 去年夏天과 照를 통해 언제 찍은 사진인지를 묻는 질문을 정답으로 선택해야 한다. 따라서 F가 정답이 된다.

어휘 张 zhāng 양 장(종이 등을 세는 단위) | 照片 zhàopiàn 명 사진 | ★照 zhào 동 (사진을) 찍다 | 漂亮 piàoliang 형 예쁘다, 아름답다 | 去年 qùnián 명 작년 | 夏天 xiàtiān 명 여름 | ★举行 jǔxíng 동 거행하다 | 运动会 yùndònghuì 명 운동회

45

A: 그는 너희 학교 선생님이시니?
B: [D] **맞아. 3학년 학생에게 체육 과목을 가르치셔.**

공략 그가 너희 학교 선생님인지를 묻고 있으므로 是 아니면 不是로 대답할 수 있다. 따라서 3학년 학생에게 체육을 가르치는 선생님이라는 D가 정답이 된다.

어휘 学校 xuéxiào 명 학교 | 老师 lǎoshī 명 선생님 | 年级 niánjí 명 학년 | ★体育 tǐyù 명 체육

46

A: 이건 라오왕의 표인데, 내 거는 어디 있지?
B: [C] **조급해하지 마. 지갑에 있는지 볼래?**

공략 문제에서 표가 어디 있는지 찾고 있으므로, 조급해하지 말고 지갑에 있는지 찾아보라고 하는 C가 정답으로 적절하다.

어휘 票 piào 명 표 | ★着急 zháojí 동 조급해하다 | 钱包 qiánbāo 명 지갑

47

A: 정말 높다. 우리 4시간 반이나 걸렸어.
B: [A] **맞아. 드디어 다 올라왔네. 너무 힘들다.**

공략 문제에서 너무 높아서 4시간 반이나 걸렸다고 했으므로, 이러한 의견에 동의하거나 반대하는 내용이 이어지는 것이 적절하다. 따라서 의견에 동의하면서 드디어 다 올라왔다고 하는 A가 정답으로 적절하다.

어휘 高 gāo 형 높다 | 小时 xiǎoshí 명 시간 | 终于 zhōngyú 부 마침내, 결국 | 爬 pá 동 기어오르다 | 累 lèi 형 지치다, 피곤하다

48

A: 기차역에서 거기까지 얼마나 걸려요?
B: [D] **택시를 타면 40여 분 걸려요.**

공략 문제에서 기차역에서 거기까지 얼마나 걸리는지 묻고 있으므로, 소요 시간을 나타내는 문장을 정답으로 찾아야 한다. 따라서 D가 정답이다.

어휘 火车站 huǒchēzhàn 명 기차역 | 需要 xūyào 동 필요하다 | 坐 zuò 동 (교통수단을) 타다 | 出租车 chūzūchē 명 택시 | ★分钟 fēnzhōng 명 분

49

A: 네 노트북을 내게 빌려줄 수 있어?
B: [B] **문제없지. 침대 위에 있으니까 가져가.**

공략 문제에서 노트북을 빌려줄 수 있는지 묻고 있으므로, 침대 위에 있으니 가져가라고 하는 B가 정답으로 적절하다.

어휘 ★笔记本电脑 bǐjìběn diànnǎo 명 노트북 | ★借 jiè 동 빌리다 | 拿 ná 동 가지다

50

[E] **'남을 돕는 게 자신을 돕는 것이다'라는 말이 있잖아?** 난 앞으로 어려움이 있으면 널 찾을 거야.

공략 문제에서 어려움이 있으면 널 찾겠다고 했으므로, 도움과 관련된 내용을 정답으로 선택해야 한다. 따라서 '남을 돕는 게 자신을 돕는 것이다'라는 말을 인용한 E가 정답으로 적절하다.

어휘 困难 kùnnan 명 어려움, 곤란 | 找 zhǎo 동 찾다, 구하다

[51-55]

A 经常 jīngcháng 부 언제나, 늘
B 辆 liàng 양 대(자전거나 차를 세는 단위)
C 附近 fùjìn 명 부근, 근처
D 注意 zhùyì 동 주의하다, 조심하다
E 声音 shēngyīn 명 소리, 목소리
F 班 bān 명 반

51

다음 주 회의 시간이 변경되었으니 모두 (D 주의하세요).

공략 빈칸은 술어 자리이며, 의미적으로 회의 시간이 변경되었으니 주의하라는 의미이므로 D가 정답이다.

어휘 开会 kāihuì 동 회의를 하다 | 时间 shíjiān 명 시간 | 变化 biànhuà 동 바뀌다, 변화하다

52

(C 근처)에 카메라를 판매하는 곳이 있니?

공략 빈칸은 '有没有卖照相机的地方?'에 대한 주어이므로 명사가 와야 한다. 의미적으로 근처에 카메라를 판매하는 곳이 있는지 묻는 내용이 적합하므로 C가 정답이 된다.

어휘
卖 mài 동 팔다, 판매하다 | 照相机 zhàoxiàngjī 명 카메라, 사진기 | ★地方 dìfang 명 장소, 곳

53

나는 이 차를 매우 좋아하는데 너무 비싸다.

공략 빈칸은 지시대사 这와 명사 车 사이에 있으므로, '지시대사+(수사)+양사+명사' 어순에 의해 양사 자리임을 알 수 있다. 차를 세는 양사는 辆이므로 정답은 B이다.

어휘 喜欢 xǐhuan 동 좋아하다 | 车 chē 명 차 | 可是 kěshì 접 그러나, 하지만 | 贵 guì 형 (가격이) 비싸다

54

딸 (F 반)에서 그녀가 공부를 제일 열심히 할 것이다.

공략 구조조사 的는 명사를 수식하므로 빈칸에는 명사가 와야 한다. 의미적으로 볼 때 딸 반에서 그녀가 공부를 제일 열심히 할 것이므로 '반'이라는 뜻의 명사 班이 와야 한다. 따라서 F가 정답이 된다.

어휘 女儿 nǚ'ér 명 딸 | ★应该 yīnggāi 조동 반드시 ~할 것이다 | ★最 zuì 부 가장, 제일 | 努力 nǔlì 동 열심히 하다

55

어렸을 때, 아빠는 (A 자주) 저를 데리고 해변으로 놀러 갔어요.

공략 뒤 절은 '동사1(带)+목적어1(我)+동사2(去)+목적어2(海边)+동사3(玩儿)'으로 이루어진 연동문이다. 연동문에서 부사와 조동사는 첫 번째 동사 앞에 오므로, 빈칸은 부사 또는 조동사 자리이다. 반면 제시된 어휘 중에서 조동사가 없으므로 빈칸은 부사 자리이다. 의미적으로 아빠가 나를 자주 데리고 간 것이므로 A가 정답이 된다.

어휘 ★带 dài 동 이끌다, 데리다 | 海边 hǎibiān 명 해변, 바닷가 | 玩儿 wánr 동 놀다

[56-60]

A 久 jiǔ 형 오래다, 시간이 길다
B 行李箱 xínglixiāng 명 여행 가방
C 一定 yídìng 부 반드시
D 爱好 àihào 명 취미
E 检查 jiǎnchá 동 검토하다, 검사하다
F 经过 jīngguò 동 지나다

56

A: 너는 유학을 가려고 하니?
B: (C 반드시) 그런 건 아니야. 만약 좋은 직장이 생기면, 난 우선 일할 거야.

공략 빈칸이 부정부사 不 뒤에 있으므로, 빈칸에는 동사, 형용사, 조동사, 부사 등이 모두 올 수 있다. 하지만 의미적으로 좋은 직장이 생기면 우선 일한다고 했으므로 유학을 간다고 단정지을 수는 없다. 따라서 不와 함께 '반드시 ~한 것은 아니다'라는 의미를 나타내는 一定이 적절하므로 정답은 C이다.

어휘 ★留学 liúxué 동 유학하다 | 如果 rúguǒ 접 만약, 만일 | 工作 gōngzuò 명 일, 직업 동 일하다 | 先 xiān 부 우선, 먼저

57

A: 이 (B 여행 가방)은 제 것인 것 같아요.
B: 정말 죄송해요. 제가 잘못 가져왔네요.

공략 '지시대사+(수사)+양사+명사' 어순에 의해 빈칸은 명사 자리임을 알 수 있다. 의미적으로 여행 가방을 잘못 가져간 것이 적절하므로 정답은 B이다.

어휘 可能 kěnéng 부 아마도, 아마 | 拿 ná 동 가지다

58

A: 엄마, 다녀오시는데 왜 이렇게 (A 오래) 걸리셨어요?
B: 마트에 사람이 너무 많았어.

공략 这么는 형용사 앞에 위치하여 형용사를 강조해주는 역할을 하므로 빈칸은 형용사 자리이다. 마트에 사람이 너무 많아 엄마가 다녀오시는데 오래 걸렸음을 알 수 있으므로 빈칸은 '시간이 길다'라는 의미의 형용사 久가 와야 된다. 따라서 정답은 A이다.

어휘 ★怎么 zěnme 대 어째서, 왜 | 超市 chāoshì 명 마트, 슈퍼마켓 | 太 tài 부 대단히, 매우 | 多 duō 형 많다

59

A: 마침내 숙제를 다 했어.
B: 다시 한번 (E 검토해) 보는 게 좋을 것 같아.

공략 빈칸은 부사 再 뒤, 一下 앞에 있으므로 동사 자리이다. 숙제를 다시 한번 검토하라고 제안하고 있으므로 빈칸에 '검토하다, 검사하다'라는 동사 检查가 와야 한다. 따라서 정답은 E이다.

어휘 ★终于 zhōngyú 부 마침내, 결국 | 作业 zuòyè 명 숙제 | ★最好 zuìhǎo 부 ~하는 게 제일 좋다 | ★再 zài 부 다시

60

A: 샤오류가 왜 아직 돌아오지 않았지?
B: 내가 방금 상점을 (F 지날) 때 샤오류가 물건을 사고 있는 걸 봤어.

공략 빈칸은 시간부사 刚才와 명사 商店 사이에 위치하므로 동사 자리이다. 의미적으로 상점을 지날 때가 적절하므로 정답은 F이다.

어휘 刚才 gāngcái 명 방금 | 商店 shāngdiàn 명 상점 | 正在 zhèngzài 부 지금 ~하고 있다 | 买 mǎi 동 사다 | 东西 dōngxi 명 물건

61

이 영화는 눈이 안 보이는 남자아이에 대해 이야기하고 있어. 영화 개봉 첫날에 영화표 100만 장이 팔렸대. 우리도 기회가 되면 같이 가서 보자.

★ 영화 속 그 남자아이는?

A 춤추는 것을 좋아한다
B 안 보인다
C 다른 사람에게 관심을 기울인다

공략 '这个电影讲的是一个眼睛看不见的男孩子的故事'를 통해 남자아이는 눈이 안 보인다는 것을 알 수 있으므로 정답은 B이다.

어휘 讲 jiǎng 동 이야기하다, 말하다 | 眼睛 yǎnjing 명 눈 | 故事 gùshi 명 이야기 | 听说 tīngshuō 동 듣자 하니 | 卖 mài 동 팔다, 판매하다 | 张 zhāng 양 장(종이를 세는 단위) | ★机会 jīhuì 명 기회 | 跳舞 tiàowǔ 동 춤을 추다 | 别人 biéren 대 남, 타인

62

나는 오늘 강가에 가서 좀 걸었는데, 그곳의 풀은 푸르고 꽃도 폈다. 또 봄이 왔다. 봄은 내가 가장 좋아하는 계절이다.

★ 내가 좋아하는 것은?

A 파란 하늘 B 여행 C 봄

공략 마지막 문장인 '又是一个春天来了, 这是我最喜欢的季节'를 통해 내가 가장 좋아하는 계절이 바로 봄이라는 것을 알 수 있다. 따라서 C가 정답으로 가장 적절하다.

어휘 河边 hébiān 명 강변, 강가 | 草 cǎo 명 풀 | 绿 lǜ 형 푸르다 | 花 huā 명 꽃 | 开 kāi 동 (꽃이) 피다 | ★春天 chūntiān 명 봄 | ★季节 jìjié 명 계절

63

의사 선생님이 밥을 너무 배부르게 먹지 말고 80% 정도 배부른 상태가 가장 좋다고 말했다. 너무 많이 먹으면 불편하고 몸에도 좋지 않기 때문이다.

★ 의사 선생님이 생각하기에 밥은?

A 하루에 세 번 먹어야 한다
B 천천히 먹어야 한다
C 너무 많이 먹으면 안 된다

공략 '医生说吃饭不要吃得太饱'를 통해서 밥을 너무 많이 먹으면 안 된다고 했으므로 정답은 C이다.

어휘 ★饱 bǎo 형 배부르다 | 因为 yīnwèi 접 ~때문에, ~에 의하여 | 而且 érqiě 접 게다가, 뿐만 아니라 | 身体 shēntǐ 명 몸, 신체 | 认为 rènwéi 동 여기다, 생각하다 | 应 yīng 조동 ~해야 한다 | 慢 màn 형 느리다

64

나는 예전에 나와 샤오안이 비슷하다고 생각했다. 하지만 나중에 우리는 서로 많은 차이점이 있다는 것을 발견했다. 가장 큰 차이점은 그는 노래를 잘 부르지만, 나는 노래를 잘 못 부른다는 것이다.

★ 나와 샤오안은?

A 가까운 곳에 산다
B 아주 다르다
C 한 학교에 있다

공략 예전에 나와 샤오안이 비슷하다고 생각했지만, '但是后来我发现我们有很多不同的地方'을 통해서 나와 샤오안이 아주 다르다는 것을 발견했다고 했으므로 정답은 B이다.

어휘 差不多 chàbuduō 형 비슷하다 | 后来 hòulái 부 그 후, 그다음에 | ★发现 fāxiàn 동 발견하다, 알아차리다 | 不同 bùtóng 형 같지 않다, 다르다 | 住 zhù 동 살다 | 近 jìn 형 가깝다

65

나는 일이 아주 바쁘지만, 시간이 있으면 수영을 하러 가거나 달리기를 하러 간다. 주말에는 친구와 함께 축구를 하러 간다.

★ 나는 무엇을 좋아하는가?

A 운동　　B 일　　C 공부

공략 핵심 어휘인 游泳, 跑步, 踢足球를 통해 나는 운동을 좋아함을 알 수 있으므로 A가 정답으로 적절하다.

어휘 忙 máng 형 바쁘다 | 游泳 yóuyǒng 동 수영하다 | ★或者 huòzhě 접 혹은, 또는 | 跑步 pǎobù 동 달리다 | ★踢足球 tī zúqiú 축구를 하다

66

할아버지는 음악 선생님이다. 내가 어렸을 때 할아버지는 자주 내게 노래하는 것을 가르쳐 주셨다. 할아버지의 영향을 받아 나도 음악을 매우 좋아한다. 나는 나중에 베이징에 가서 음악을 공부할 계획이다.

★ 내가 음악을 좋아하게 된 원인은?

A 자주 노래를 들어서
B 할아버지에게 영향을 받아서
C 선생님이 잘 가르치셔서

공략 '在他的影响下，我也非常喜欢音乐'를 통해서 할아버지에게 영향을 받아 음악을 좋아하게 되었다고 했으므로 정답은 B이다.

어휘 音乐 yīnyuè 명 음악 | 经常 jīngcháng 부 언제나, 늘 | 教 jiāo 동 가르치다 | 影响 yǐngxiǎng 동 영향을 주다 | 打算 dǎsuan 동 ~할 생각이다 | 以后 yǐhòu 명 이후 | 受 shòu 동 받다

67

언니의 직업은 줄곧 서 있어야 한다. 매일 점심 식사할 때만 앉아서 쉴 수 있다.

★ 언니는 매일?

A 오래 서 있다
B 퇴근이 매우 늦다
C 열심히 공부한다

공략 '姐姐的工作需要一直站着'를 통해서 언니는 항상 서서 일한다는 것을 알 수 있으므로 정답은 A이다.

어휘 工作 gōngzuò 명 일, 직업 | ★一直 yìzhí 부 줄곧, 내내 | ★站 zhàn 동 서다, 일어서다 | 休息 xiūxi 동 휴식을 취하다, 쉬다 | 一会儿 yíhuìr 잠깐 동안, 잠시

68

아들이 어제 내게 여자 친구와 결혼하겠다고 말했다. 이것은 나와 아내에게 있어 매우 기쁜 일이다. 아들의 결혼 생활이 행복하기를 바란다.

★ 아들은 무엇을 하려고 하는가?

A 결혼을 하려고 한다
B 일자리를 구하려고 한다
C 대학을 다니려고 한다

공략 첫 번째 문장인 '儿子昨天告诉我他要跟女朋友结婚了'를 통해 아들이 여자 친구와 결혼을 하려고 함을 알 수 있으므로 정답은 A가 된다.

어휘 告诉 gàosu 동 말하다, 알리다 | ★结婚 jiéhūn 동 결혼하다 | 高兴 gāoxìng 형 기쁘다, 즐겁다 | 事情 shìqing 명 일 | 希望 xīwàng 동 희망하다 | 生活 shēnghuó 명 생활 | 幸福 xìngfú 형 행복하다

69

나는 백화점에서 매우 예쁜 신발을 보고 바로 신어보았다. 그러나 그 신발은 신어보니 약간 불편해서 사지 않았다.

★ 그 신발은?

A 가격이 비싸다
B 불편하다
C 약간 작다

모의고사 2회

공략 '可是那双鞋穿起来有些不舒服'를 통해서 그 신발이 신어보니 약간 불편했으므로 정답은 B이다.

어휘 百货商店 bǎihuòshāngdiàn 명 백화점 | 双 shuāng 양 짝, 켤레 | 鞋 xié 명 신발, 구두 | 马上 mǎshàng 부 곧, 즉시 | ★试 shì 동 시험하다, 시도하다 | 穿 chuān 동 (신발을) 신다 | 价钱 jiàqian 명 가격, 값

70

우리는 건강하게 먹고 자주 신체를 단련할 뿐만 아니라 매년 병원에 가서 건강검진을 받는 게 좋다. 이렇게 하면 문제를 조기에 발견할 수 있다.

★ 매년 건강검진을 하는 것은 무엇 때문인가?

A 자신을 이해하기 위해서
B 몸을 쉬게 하기 위해서
C 문제를 조기에 발견하기 위해서

공략 '这样做可以早一点儿发现问题'를 통해 매년 건강검진을 하면 문제를 조기에 발견할 수 있음을 알 수 있으므로 정답은 C이다.

어휘 不但……而且…… búdàn……érqiě…… 접 ~뿐만 아니라 게다가 ~ | ★锻炼 duànliàn 동 (몸을) 단련하다 | ★检查 jiǎnchá 동 검사하다, 점검하다 | ★发现 fāxiàn 동 발견하다, 알아차리다 | 了解 liǎojiě 동 알다, 이해하다

쓰기

71

공략 1단계 **술어를 찾자 ➲ 哭了**

일반적으로 동사나 형용사가 술어 역할을 하므로 '울다'라는 의미의 동사 哭가 술어가 된다.

2단계 **'부사+술어' 구조를 만들자 ➲ 突然+哭了**

突然은 '갑자기'라는 뜻으로 술어를 수식하는 부사어로 쓰였다. 따라서 '突然+哭了'가 된다.

3단계 **'怎么+술어' 구조를 만들자**

➲ 怎么+突然+哭了

의문대사 怎么는 주어 뒤, 술어 앞에 위치한다. 의미적으로 갑자기 운 이유를 묻고 있으므로 '怎么+突然+哭了'가 된다.

4단계 **주어를 찾자 ➲ 他**

우는 주체가 '그'이므로 他가 주어가 된다.

∴ 他怎么突然哭了？
그는 왜 갑자기 우는 거야?

어휘 ★怎么 zěnme 대 어째서, 왜 | ★突然 tūrán 부 갑자기, 문득 | 哭 kū 동 울다

72

공략 1단계 **술어를 찾자 ➲ 离开**

일반적으로 동사나 형용사가 술어 역할을 하므로 '떠나다'라는 의미의 동사 离开가 술어가 된다.

2단계 **주어와 목적어를 찾자**

➲ 주어 他每天, 목적어 教室

그가 가장 마지막에 교실을 나오는 것이므로 他每天이 주어가 되고, 教室가 목적어가 된다.

3단계 **관형어를 찾자 ➲ 最后一个**

'수사+양사+명사'의 원리에 의해 '最后一个+离开+教室'가 된다.

∴ 他每天最后一个离开教室。
그는 매일 교실을 떠나는 마지막 사람이다.

어휘 最后 zuìhòu 명 결국, 최후 | ★离开 líkāi 동 떠나다 | 教室 jiàoshì 명 교실

73

공략 (1단계) **술어를 찾자 ◐ 在**

일반적으로 동사나 형용사가 술어 역할을 하므로 '~에 있다'라는 의미의 동사 在가 술어가 된다.

(2단계) **'구조조사 的+명사' 구조를 만들자**

◐ 办公室的+旁边

구조조사 的는 명사를 꾸며주므로 '办公室的+旁边'이 된다.

(3단계) **주어를 찾자 ◐ 洗手间**

일반적으로 명사나 대사가 주어 역할을 하고, 의미적으로 화장실이 사무실 옆에 있다고 하는 것이 적절하므로 주어는 洗手间이 된다.

∴ 洗手间在办公室的旁边。
화장실은 사무실 옆에 있습니다.

어휘 洗手间 xǐshǒujiān 명 화장실 | 办公室 bàngōngshì 명 사무실 | 旁边 pángbiān 명 근처, 부근

74

공략 (1단계) **'把+목적어+동사+기타 성분' 구조를 만들자**

◐ 把+弟弟的生日+忘记+了

개사 把는 단독으로 쓰이지 못하기 때문에 弟弟的生日와 결합해 개사구를 만들어 술어 忘记를 수식한다. 따라서 '把+弟弟的生日+忘记+了'가 된다.

(2단계) **주어를 찾자 ◐ 我**

내가 남동생의 생일을 잊어버린 것이므로 我가 이 문장의 주어가 된다.

∴ 我把弟弟的生日忘记了。
나는 남동생의 생일을 잊어버렸다.

어휘 生日 shēngrì 명 생일 | ★忘记 wàngjì 동 잊어버리다

75

공략 (1단계) **술어를 찾자 ◐ 开得**

일반적으로 동사나 형용사가 술어로 쓰이므로 동사 开가 술어가 된다. 구조조사 得를 통해 이 문제가 정도보어를 묻는 문제임을 알 수 있다.

(2단계) **보어를 찾자 ◐ 很漂亮**

정도보어의 기본 어순 '동사/형용사+得+평가/묘사'를 통해 '开得+很漂亮' 형태를 만든다. 이를 통해 꽃이 예쁘게 폈다는 것을 알 수 있다.

(3단계) **'구조조사 的+명사' 구조를 만들자**

◐ 公园里的+花

구조조사 的는 명사를 꾸며주므로 '公园里的+花'가 되며, 이 문장의 주어 역할을 한다.

∴ 公园里的花开得很漂亮。
공원에 꽃이 예쁘게 폈다.

어휘 公园 gōngyuán 명 공원 | 花 huā 명 꽃 | 开 kāi 동 (꽃이) 피다 | 漂亮 piàoliang 형 예쁘다, 아름답다

76

전 새로 이사 온 사람이고요, 저도 8층에 삽니다.

공략 의미적으로 8층에 산다는 표현이 맞으므로 정답은 '층'을 나타내는 양사 层 céng이다.

어휘 搬 bān 동 이사하다 | 住 zhù 동 살다

77

이 신용 카드는 우리 아빠 것이다.

공략 信用卡 xìnyòngkǎ는 '신용 카드'라는 의미의 단어이다.

어휘 张 zhāng 양 넓고 편평한 물건을 세는 단위

78

나는 다음 달에 시안으로 출장을 간다.

공략 出差 chūchāi는 동사로 '출장 가다'라는 의미이다. 差가 'chà'라고 발음되면 형용사로 '부족하다, 모자라다'라는 의미를 나타내고, 'chāi'로 발음되면 동사로 '파견하다, 보내다'라는 의미를 나타낸다.

어휘 西安 Xī'ān 고유 시안, 서안

79

실례지만, 사무동은 어떻게 가나요?

공략 走 zǒu는 '가다'라는 의미의 동사이다. 빈칸 앞에 怎么와 함께 쓰여 길을 물을 때 자주 사용하는 표현이다.

어휘 办公大楼 bàngōng dàlóu 명 사무동 | ★怎么 zěnme 대 어떻게

모의고사 2회

80

이 일은 삼촌이 알아서는 안 된다.

공략

빈칸 앞에 부사가 위치해 있고, 빈칸 뒤에는 동작의 행위자인 叔叔가 동사 知道 앞에 있으므로 이 문장은 피동문임을 알 수 있다. 따라서 정답은 被 bèi이다.

어휘 叔叔 shūshu 명 삼촌

기초 실력 테스트 정답

01day

1 ① 感冒 감기에 걸리다
② 牙疼 이가 아프다
③ 洗衣服 빨래를 하다
④ 踢足球 축구를 하다

2 ① O ② ×

[녹음 원문]

2 ① 你生病了，要多喝水，多休息。
② 她在洗孩子的衣服。

① 당신은 병이 났어요. 물을 많이 마시고, 푹 쉬세요.
② 그녀는 아이의 옷을 빨고 있다.

02day

1 ① 礼物 선물 ② 箱子 상자
③ 手表 시계 ④ 鞋 신발

2 ① × ② O

[녹음 원문]

2 ① 我每天坐公共汽车去上班。
② 太好了，我找到电子词典了。

① 나는 매일 버스를 타고 출근한다.
② 너무 잘됐어. 전자사전을 찾았어.

03day

1 ① 检查 검사하다 ② 电子邮件 이메일
③ 新闻 뉴스 ④ 关心 관심을 갖다

2 ① O ② ×

[녹음 원문]

2 ① 谁在门外？是你妈妈回来了？
② 张先生，您看一下，您的名字我没写错吧？

① 누가 문밖에 있지? 엄마가 돌아오셨나?
② 장 선생님, 좀 보세요. 제가 성함을 잘못 쓰지 않았죠?

04day

1 ① 坐船 배를 타다 ② 提高 향상시키다
③ 容易 쉽다 ④ 难 어렵다

2 ① × ② × ③ O

[녹음 원문]

2 ① 我现在已经到饭店了，正想休息休息呢。
★ 他不想休息。
② 我要一杯牛奶，谢谢。
★ 他要一杯咖啡。
③ 外面天气很好，我们出去运动运动？
★ 天气非常好。

① 나 벌써 호텔에 도착했어. 지금 좀 쉬고 싶어.
★ 그는 쉬고 싶지 않다.
② 우유 한 잔 주세요. 감사합니다.
★ 그는 커피를 한 잔 원한다.
③ 밖에 날씨가 아주 좋은데, 우리 나가서 운동 좀 할까?
★ 날씨가 아주 좋다.

05day

1 ① 如果 만약 ② 因为 ~때문에
③ 所以 그래서 ④ 但是 그러나

2 ① × ② × ③ O

[녹음 원문]

2 ① 我想去，但是我明天下午有课。
★ 他不想去。
② 这个椅子有点儿贵，但是颜色很不错。
★ 这个椅子颜色不好看。
③ 我的儿子一边吃饭一边看电视。
★ 儿子正在吃饭。

① 나는 가고 싶은데 내일 오후에 수업이 있어.
★ 그는 가고 싶지 않다.
② 이 의자는 조금 비싸지만 색깔은 아주 예쁘다.
★ 이 의자는 색깔이 예쁘지 않다.
③ 내 아들은 밥을 먹으면서 텔레비전을 본다.
★ 아들은 밥을 먹고 있다.

06day

1 ① 几 몇　② 什么时候 언제
③ 多少 얼마　④ 分 분

2 ① 十二　② 两　③ 十八　④ 三

[녹음 원문]

2 ① 我今年十二岁了。
② 我有两个中国朋友。
③ 这个杯子十八块钱。
④ 北京一年中有三个月很冷。

① 나는 올해 12살이 되었다.
② 나는 두 명의 중국인 친구가 있다.
③ 이 컵은 18위안이다.
④ 베이징은 일 년 중 3개월은 아주 춥다.

07day

1 ① 教室 교실　② 医院 병원
③ 饭店 식당　④ 火车站 기차역

2 ① A　② B　③ A

[녹음 원문]

2 ① 服务员，请给我来一杯茶。谢谢。
② 小姐，这件衣服有小一点儿的吗?
③ 医生，我肚子有点儿不舒服。

① 여기, 차 한 잔 주세요. 감사합니다.
② 아가씨, 이 옷은 좀 더 작은 사이즈가 있나요?
③ 선생님, 저는 배가 조금 불편해요.

08day

1 ① 谁 누구　② 什么 무엇
③ 送 선물하다　④ 等 기다리다

2 ① B　② A　③ B

[녹음 원문]

2 ① 男：桌子上的那本书是你的?
女：不是，那是我哥的。
问：那本书是谁的?
② 女：你的车是什么时候买的?
男：不是买的，去年我的一个朋友出国了，车就送给我了。
问：车是谁送的?
③ 男：小王，这里有几个杯子，哪个是你的?
女：左边那个红色的是我的。
问：小王的杯子是什么颜色的?

① 남: 책상 위에 있는 그 책은 네 것이니?
여: 아니, 그것은 우리 오빠 거야.
질문: 그 책은 누구의 것인가?
② 여: 네 차는 언제 구입한 거야?
남: 산 것은 아니고, 작년에 한 친구가 외국에 가면서 나에게 줬어.
질문: 차는 누가 준 것인가?
③ 남: 샤오왕, 여기 컵이 몇 개 있는데, 어떤 게 네 것이니?
여: 왼쪽에 있는 그 빨간색이 내 거야.
질문: 샤오왕의 컵은 무슨 색인가?

09day

1 ① 同事 동료　② 夫妻 부부
③ 儿子 아들　④ 邻居 이웃

2 ① B　② B　③ A

[녹음 원문]

2 ① 爸爸，刚才妈妈打了个电话，问你晚上在哪儿吃饭。
② 老师，帮我检查作业，好吗?
③ 你是不是头疼? 好好休息。

① 아빠, 방금 엄마에게서 전화가 왔는데요, 저녁은 어디서 드실 거냐고 물으셨어요.
② 선생님, 제 숙제를 검사해주시겠어요?
③ 당신 머리가 아프지는 않나요? 푹 쉬세요.

10day

1 ① 吃药 약을 먹다
② 喝咖啡 커피를 마시다
③ 骑自行车 자전거를 타다
④ 买衣服 옷을 사다

2 ① B　② A　③ B

[녹음 원문]

2 ① 女：明天你去唱歌吗?
男：我想去，但是我明天有考试。
问：男的明天做什么?
② 女：你眼睛怎么这么红? 没休息好?
男：是，昨天晚上看电视看到十二点。

问：男的昨天晚上做什么了？
③ 女：外面天气很好，我们出去散散步？
男：好的，我们走吧。
问：他们想做什么？

① 여: 내일 노래 부르러 가니?
남: 갈 생각이야. 근데 나 내일 시험이 있어.
질문: 남자는 내일 무엇을 하는가?
② 여: 너 눈이 왜 이렇게 빨갛니? 잘 쉬지 못했니?
남: 응, 어제저녁에 12시까지 텔레비전을 봤어.
질문: 남자는 어제저녁에 무엇을 했는가?
③ 여: 밖에 날씨가 정말 좋다. 우리 산책 좀 하러 갈까?
남: 좋아. 가자.
질문: 그들은 무엇을 할 생각인가?

11day

1 ① 天气 날씨 ② 有点儿 조금, 약간
③ 好吃 맛있다 ④ 便宜 싸다
2 ① B ② A ③ A

[녹음 원문]

2 ① 你多穿件儿衣服，外面阴天，可能会下雨。
问：现在天气怎么样？
② 这双鞋很好看，但是太贵了。
问：这双鞋怎么样？
③ 这两天有点儿忙，不去了。
问：最近怎么样？

① 너 옷 좀 더 입어. 밖에 날씨가 흐린데, 비가 올 것 같아.
질문: 현재 날씨는 어떠한가?
② 이 신발은 아주 예쁘지만 너무 비싸다.
질문: 이 신발은 어떠한가?
③ 요 며칠 좀 바빠서 못 갔어.
질문: 요즘 어떠한가?

12day

1 ① 准备 준비하다 ② 起床 일어나다
③ 晚 늦다 ④ 近 가깝다
2 ① B ② A ③ B

[녹음 원문]

2 ① 女：今天你准备几点起床？
男：我不睡了，现在就起。
问：男的是什么意思？
② 男：今天太晚了，我送你回家吧。
女：没关系，我家离这儿很近。
问：女的是什么意思？
③ 男：看见没？那报纸就在电视旁边。
女：等一下，这儿的东西太多了。
问：女的是什么意思？

① 여: 오늘 너 몇 시에 일어나려고 했어?
남: 나 안 잘래. 지금 바로 일어날 거야.
질문: 남자의 의미는 무엇인가?
② 남: 오늘 너무 늦었어. 내가 집에 데려다 줄게.
여: 괜찮아. 우리 집은 여기서 매우 가까워.
질문: 여자의 의미는 무엇인가?
③ 남: 보여? 그 신문은 바로 텔레비전 옆에 있어.
여: 잠깐만, 여기 물건이 너무 많아.
질문: 여자의 의미는 무엇인가?

13day

1 ① 吗 ② 呢 ③ 吧
2 ① C ② A ③ B

[본문 해석]

1 ① 喂，张老师在吗？
② 我叫王明，你呢？
③ 我们出去玩儿吧。

① 여보세요. 장 선생님 계세요?
② 나는 왕밍이라고 해. 너는?
③ 우리 나가서 놀자.

2 ① 你吃饭了吗？– 还没吃，你呢？
② 我们今天晚上去看电影吧。
– 对不起，我今天晚上有事。
③ 你在做什么呢？– 我在听音乐呢。

① 너는 밥 먹었니? – 아직 안 먹었어. 너는?
② 우리 오늘 저녁에 영화 보러 가자.
– 미안해. 나 오늘 저녁에 일이 있어.
③ 너 지금 뭐하니? – 나는 음악을 듣고 있어.

14day

1 ① 什么 ② 几 ③ 谁
2 ① A ② C ③ B

[본문 해석]

1 ① 你刚才吃了什么?
② 你去过几次中国?
③ 她是谁的妹妹?

① 너는 방금 무엇을 먹었니?
② 너는 중국에 몇 번 가봤니?
③ 그녀는 누구의 여동생이니?

2 ① 这个药一天吃几次呢? – 一天吃两次。
② 猫今天怎么不吃东西? – 它可能生病了。
③ 您想喝点儿什么? – 我要一杯咖啡，谢谢!

① 이 약은 하루에 몇 번 먹어야 하나요?
– 하루에 두 번 드세요.
② 고양이가 오늘 왜 밥을 안 먹지?
– 고양이가 아마도 병이 난 것 같아.
③ 당신은 무엇을 마시겠습니까?
– 커피 한 잔 주세요. 감사합니다.

15day

1 ① A ② C ③ B
2 ① C ② B ③ A

[본문 해석]

1 ① 你能帮我给她电影票吗? – 没问题。
② 祝你生日快乐! – 谢谢!
③ 你又迟到了? – 对不起。

① 네가 그녀에게 영화표를 줄 수 있겠니?
– 문제없어.
② 생일 축하해! – 고마워.
③ 너 또 늦었어? – 미안해.

2 ① 今天天气怎么样? – 今天天气真冷。
② 上午考得怎么样? – 很多题都不会做。
③ 你身体怎么样? – 肚子不舒服。

① 오늘 날씨는 어때? – 오늘 날씨는 너무 추워.
② 오전 시험은 어땠니? – 많은 문제를 못 풀었어.
③ 너 몸은 어때? – 배가 안 좋아.

16day

1 ① 돌보다, 보살피다/동사 ② 정말/부사
2 ① 有点儿 ② 结婚 ③ 不错

[본문 해석]

2 ① 我的脚有点儿疼。
② 现在他们决定要结婚了。
③ 我们那里的环境很不错。

① 내 발이 조금 아파.
② 현재 그들은 결혼하기로 결심했다.
③ 우리가 있는 그곳의 환경은 정말 좋아.

17day

1 ① 旁边 ② 鱼 ③ 号
2 ① B ② A

[본문 해석]

1 ① 手机在电脑旁边。
② 这些鱼都是给猫准备的。
③ 我今年14岁，我的生日是6月7号。

① 휴대 전화는 컴퓨터 옆에 있다.
② 이 생선들은 모두 고양이를 위해 준비한 것이다.
③ 나는 올해 14살이고, 내 생일은 6월 7일이다.

2 ① 对不起，我不能和你一起去买自行车了。
② 房间里有人吗?

① 미안해, 나 너랑 자전거 사러 못 갈 것 같아.
② 방에 누구 있어요?

18day

1 ① 进 ② 回答 ③ 介绍
2 ① B ② A

[본문 해석]

1 ① 请进，这就是我的房间。
② 别说话，听听她怎么回答这个题。
③ 这个工作是朋友帮我介绍的。

① 들어오세요. 여기가 바로 제 방이에요.
② 그만 말해, 그녀가 이 문제에 어떻게 대답하는지 들어보자.

③ 이 일은 친구가 나를 도와 소개한 거야.

19day

1 ① 贵 ② 好 ③ 忙
2 ① 多 ② 好

[본문 해석]

1 ① 这儿的羊肉很好吃，但是也很贵。
② 长时间看电脑，对眼睛不好。
③ 我现在不太忙，我可以帮你。

① 여기 양고기가 정말 맛있어. 그런데 역시 너무 비싸.
② 오랜 시간 동안 컴퓨터를 보면, 눈에 안 좋아.
③ 나는 현재 바쁘지 않아서 너를 도와줄 수 있어.

2 ① 今天要做的事情真多。
② 她跳得非常好。

① 오늘 해야 할 일이 너무 많다.
② 그녀는 뛰어오르는 것을 매우 잘한다.

20day

1 ① 先 ② 很 ③ 多
2 ① A ② B ③ A

[본문 해석]

1 ① 喝牛奶前，先吃个鸡蛋吧。
② 火车站离这儿很近。
③ 我真的要多运动了。

① 우유를 마시기 전에 먼저 계란을 먹어라.
② 기차역은 여기에서 매우 가깝다.
③ 나는 정말이지 운동을 더 하고 싶다.

2 ① 我最喜欢踢足球。
② 你这儿的东西太多了。
③ 我已经给妈妈打电话了。

① 나는 정말 축구하는 것을 좋아한다.
② 네가 있는 곳에 물건이 너무 많아.
③ 나는 이미 엄마에게 전화를 했다.

21day

1 ① 从 ② 比 ③ 对
2 ① 그러나 ② 그래서
③ ~이기 때문에 ④ 그다음에

[본문 해석]

1 ① 我已经从家里出来了，10分钟后到。
② 您做的菜比饭馆的还好吃。
③ 多吃水果对身体好。

① 나는 이미 집에서 나왔어. 10분 후면 도착할 거야.
② 당신이 만든 음식이 식당 것보다 더 맛있어요.
③ 과일을 많이 먹어야 몸에 좋아.

22day

1 O 2 O 3 ×

[본문 해석]

1 지금 11시 30분이네요. 그들은 이미 20분이나 수영을 했어요.

2 나는 오전에 밖에 나가 새 휴대 전화를 샀다. 900위안 정도로 매우 저렴했다.

3 오늘은 7월 12일이다. 3일만 더 있으면 우리 아빠 생신이다. 나는 아빠께 컴퓨터를 한 대 사드릴 생각이다.

23day

1 × 2 B

[본문 해석]

1 버스를 타면서 책이나 신문을 봐서는 안 된다. 그렇게 하면 눈에 안 좋기 때문이다.

2 사람이 정말 많다. 더 이상 버스를 기다리지 말고, 우리 택시 타자.

24day

1 × 2 B

[본문 해석]

1 오늘 너무 피곤해서 밥을 못하겠어. 우리 밖에 나가서 먹자. 너는 무엇을 먹고 싶니?

2 여보세요? 언니, 나 10시 7분 비행기야. 20분 후에 공항에 도착할 것 같아. 우리 오후에 보자.

25day

1 × 2 A

[본문 해석]

1 나는 고양이를 좋아한다. 그러나 남편은 싫어한다. 그래서 지금까지 집에 고양이가 없다. 나는 언젠가는 새끼 고양이가 있었으면 좋겠다.

2 그녀의 집에서부터 베이징까지, 기차로 5시간이 걸린다. 비행기를 타고 가는 것보다 훨씬 저렴하다. 그래서 내일 그녀는 기차를 타고 가려고 한다.

26day

1 × 2 A

[본문 해석]

1 봐봐, 이게 바로 우리 집 고양이야. 눈이 예쁘지 않아? 이 고양이는 내 여동생이 우리에게 보내준 거야.

2 우리 아빠는 커피 마시는 것을 싫어하신다. 아빠는 차 마시는 것을 좋아하셔서 매일 오전에 뜨거운 차를 몇 잔 드신다.

27day

1 × 2 B

[본문 해석]

1 어제 친구들과 밖에서 밤새 놀았다. 너무 피곤했지만 매우 즐거웠다.

2 방금 날씨가 정말 좋았는데 갑자기 강풍이 부네.

28day

1 ① 我 喜欢 踢 足球。 나는 축구를 좋아한다.
(대사 동사 동사 명사)

② 我 有 两 个 孩子。 나는 아이가 두 명 있다.
(대사 동사 수사 양사 명사)

③ 老师 今天 很 高兴。
(명사 명사 부사 형용사)
선생님은 오늘 매우 기쁘다.

2 ① 哪个最漂亮? 어느 것이 가장 예쁘니?
② 我妈妈是中学老师。
우리 엄마는 중학교 선생님이시다.
③ 我姐姐明天去北京。/ 明天我姐姐去北京。
우리 언니(누나)는 내일 베이징에 간다. / 내일 우리 언니(누나)는 베이징에 간다.

29day

1 ① 这个 ② 桌子上的 ③ 他的

2 ① 这里有几个水果。 여기에 과일 몇 개가 있다.
② 这是王老师的电影票。
이것은 왕 선생님의 영화표이다.
③ 请给我一杯茶。 차 한 잔 주세요.

30day

1 ① 别 ② 正在 ③ 有点儿

2 ① 我们经常去那个饭馆。
우리는 자주 그 식당에 간다.
② 今天天气不冷。 오늘은 날씨가 춥지 않다.
③ 这个菜非常好吃。 이 음식은 매우 맛있다.

31day

1 ① 不能 ② 要多 ③ 在房间里

2 ① 他不会说英语。 그는 영어를 할 줄 모른다.
② 她在商店买电脑。
그녀는 상점에서 컴퓨터를 구입한다.
③ 我爸爸要去上海。
우리 아빠는 상하이에 가려고 하신다.

32day

1 ① A ② A ③ B

2 ① 我准备好了。 나는 준비를 마쳤다.
② 他吃得很快。 그는 매우 빨리 먹는다.
③ 我等了一个小时。 나는 한 시간을 기다렸다.

33day

1 ① 要 / 买　② 让 / 做
③ 吃　④ 唱

2 ① 妈妈让我买东西。
엄마는 나에게 물건을 사오라고 시키셨다.
② 她天天去游泳。그녀는 매일 수영을 한다.
③ 我爸爸去公司上班。
우리 아빠는 회사에 출근하셨다.

34day

1 ① B　② A　③ B

2 ① 我是金老师的学生。
나는 김 선생님의 학생이다.
② 他有中国朋友。그는 중국인 친구가 있다.
③ 桌子上的那本书是谁的?
책상 위에 있는 그 책은 누구의 것이니?

35day

1 ① B　② A　③ A

2 ① 妈妈把咖啡喝好了。엄마는 커피를 다 드셨다.
② 我把这本书看完了。나는 이 책을 다 봤다.
③ 他被朋友打了。그는 친구에게 맞았다.

36day

1 ① B　② A　③ B

2 ① 家里有一只狗。집에 개가 한 마리가 있다.
② 昨天出了一件事。어제 한 가지 일이 생겼다.
③ 门口停着一辆自行车。
문 앞에 자전거가 한 대 세워져 있다.

37day

1 ① B　② B　③ A

2 ① 这个颜色跟那个颜色一样。
이 색은 저 색과 같다.
② 我姐姐比我漂亮。우리 언니는 나보다 예쁘다.
③ 她没有我好看。그녀는 나만큼 예쁘지 않다.

38day

1 ① 爱好　② 教室　③ 睡觉　④ 牛奶

2 ① 长　② 的　③ 乐

39day

1 ① jièshào / 소개하다
② dōngxi / 물건

2 ① 办　② 复　③ 冬

40day

1 ① mǎi / 사다
② zuótiān / 어제
③ wán / 놀다

2 ① B　② A　③ A

MEMO